München

Meine Lieblingsplätze

Asamkirche
Auf kleinstem Raum in der Sendlinger Straße ist dies ein Höhepunkt des späten Barock. Und ein Ruhepol in der Innenstadt.
->S.25

Augustiner Biergarten
In der Arnulfstraße findet sich diese unerwartete Oase im Bahnhofsviertel. Schattig, sehr groß, sehr münchnerisch.
->S.82

Deutsches Museum
Ein Muss. Immer wieder. Und anschließend zum Kaffeetrinken ins Müllersche Volksbad schräg gegenüber. Deutschlands schönstes Hallenbad bietet wunderbaren Jugendstil.
->S.158

Liebe Leserin, lieber Leser,

unter den deutschen Großstädten nimmt München eine Sonderstellung ein. Im Gegensatz etwa zu Hamburg war München Residenz, was man nicht nur im Jubiläumsjahr 2006 spürt. Prachtvolle Boulevards und triumphale Bögen bestimmen das Stadtbild wie nirgendwo sonst in Deutschland. Dazu haben die Wittelsbacher hier eine solche Menge an Kunst versammelt, dass man sich als Hamburger ganz armselig vorkommt.

Im Gegensatz zu Berlin schaut München auf eine ungebrochene, wenn auch mit Brüchen versehene Geschichte zurück, was nicht nur auf das Selbstbewusstsein der Bürger, sondern auch auf das Selbstbild der bayerischen Ministerpräsidenten abzufärben scheint. Man ist hier schon sehr eins mit sich selbst.

Und wie kein anderer deutscher Großstädter lebt der Münchner in einer wenigstens gedachten (aber meistens auch erfahrenen) Symbiose mit dem Umland. Die Hausberge und die Seen locken – im Winter zum Skifahren und im Sommer zum Kraxeln, bzw. Segeln und Schwimmen.

Kein Hamburger käme auf die Idee, dem Besucher vorzurechnen, wie schnell man an der dänischen Grenze wäre. Der Berliner verschweigt die Nähe zu Polen aktiv. Der Münchner hingegen betrachtet Innsbruck und Salzburg (historisch nicht ganz falsch) als Vororte und erzählt gerne, wie schnell man doch in Verona, Venedig und am Mittelmeer sei. Natürlich ist die Kaste der Adria-Pendler auch in München verschwindend klein. Aber der Hinweis auf die geographische Nähe soll dem Zugereisten vor allem signalisieren: Wir sind hier nicht im Süden Deutschlands, sondern quasi im Norden Italiens.

Dieses südliche Flair, die etwas andere Lebensart macht München für Nordlichter wie mich so anziehend. Ich freue mich immer auf den nächsten Besuch und hoffe, dass wir Ihnen mit diesem MERIAN-Heft etwas davon vermitteln können.

Herzlich, Ihr

Andreas Hallaschka
MERIAN-Chefredakteur

INHALT

München

>> Titelthemen

Weltstadt mit Weitblick: Im Süden geht Bayerns Hauptstadt in weite Wälder über, die sich bis zu den Alpen hinziehen. Ohne die könnte man wohl bis Italien sehen

MERIAN | Info

Foto: Ingrid Firmhofer

LEGENDÄR

Ludwigs treue Leute

Ein Kreuz markiert bei Berg die Stelle im Starnberger See, an der König Ludwig II. am 13. Juni 1886 ertrunken aus dem Wasser geborgen wurde. Auch 120 Jahre später sind die Umstände seines Todes nicht geklärt. Das Mysteriöse nährt die Legende: Auch ein Grund, warum Königstreue (hier ein Verein aus Ingolstadt) alljährlich am Todestag ihres „Lieblings-Königs" Blumen ins Wasser werfen.

1949

1957

1971

1982

1990/2. Aufl.'94

1999

Zwischen 1949 und 1999 war München bereits sechsmal Thema eines MERIAN-Heftes.

ZEITSPRUNG

Münchens **junge** Altstadt

Viele Menschen – selbst Münchner – wollen jünger aussehen als sie sind, Gebäuden wird hingegen manchmal eine Alterungs-Kur verordnet. In München gibt es hierfür viele Beispiele: die Altstadt, im Zweiten Weltkrieg fast völlig zerstört, erweckt heute den Anschein, tatsächlich alt zu sein. Dabei ist kaum ein Gebäude älter als 50 Jahre. Der im neogotischen Stil wiederaufgebaute Turm des Alten Rathauses wurde gar erst 1974 fertiggestellt.

Wechselvolle Geschichte: Von 1470 bis 1480 bauten die Münchner den Alten Rathausturm am Marienplatz. Im Zweiten Weltkrieg wurde er komplett zerstört. Doch erst 1971 begann sein Wiederaufbau im Herzen der Stadt

ZUKUNFT I **BMW** Welt

Unter schwungvoll geformtem Dach in Nachbarschaft zum Olympiapark will BMW im Frühjahr 2007 seine „BMW Welt" (Computeranimation oben) eröffnen. Den Besucher erwarten dann Auto- und Motorrad-Präsentationen, Fahrer-Training und kulturelle Veranstaltungen sowie ein Junior Campus mit Erlebnisräumen für Kinder und Jugendliche. In der „BMW Welt" beginnt dann auch die neu konzeptionierte Werkführung und der Besuch des erneuerten BMW-Museums (ab Sommer 2007).

NUR 100 METER

Höhenangst

Die Türme der Frauenkirche ragen 99 Meter in den Münchner Himmel. Und das soll in Zukunft das Maß aller Dinge sein. Jedenfalls für hochfliegende Architektenpläne. Per Bürgerentscheid votierte eine Mehrheit der Wähler 2004 für eine Begrenzung der Bauhöhe. Obwohl die gesetzliche Bindungsfrist an das Votum abgelaufen ist, will die Stadt das Ergebnis auch in Zukunft respektieren. Damit dürften die Ende 2004 fertiggestellten **High Light Munich Business Towers** (links 126 m) und das Hochhaus „Uptown München" (146 m) im Norden vorerst nicht überboten werden.

ZUKUNFT II **Gottes**häuser

In München bekennen sich rund 60 Prozent der 1,28 Millionen Einwohner zur römisch-katholischen Kirche. Etwa 15 Prozent der Münchner sind Protestanten. Für die drittgrößte Religionsgruppe der Stadt, die rund 100 000 Moslems, soll 2008 eine Moschee am Gotzinger Platz in Sendling entstehen. Bereits am 9. November 2006 wird die Synagoge am St.-Jakobs-Platz eingeweiht werden. Nicht nur für die etwa 9000 Mitglieder der jüdischen Gemeinde in München ein großer Tag. Denn wenn am Jahrestag der Reichspogromnacht (9. 11. 1938) in der ehemaligen „Hauptstadt der Bewegung" eine Synagoge geweiht wird, ist dies etwas, auf das alle Münchner stolz sein dürfen.

Zwei 41 Meter hohe Minarette bestimmen das Bild der geplanten Moschee (oben). Neben der Synagoge am St.-Jakobs-Platz soll auch ein Gemeindezentrum entstehen

TIEFENRAUSCH

Sealife

München liegt am Meer. Seit Ostern 2006 tummeln sich Haie, Rochen und Seepferdchen in den 30 Becken des Sea Life Centers im Olympiapark. Rund 10 000 Tiere schwimmen hier in 750 000 Litern Münchner Wassers, das auf die unterschiedlichen Ansprüche der Arten abgestimmt ist. Die Stars im Aquarium sind fünf Schwarzspitzen-Riffhaie.

Zahlenspiel

2 830 000
Kilowattstunden betrug der Stromverbrauch auf dem Oktoberfest 2005. Damit könnten 1 200 Münchner Haushalte ein Jahr mit Strom versorgt werden

über 130 000
Fanclub-Mitglieder – und damit in Deutschland die meisten – hat der FC Bayern München

85 900
Studenten haben sich an den elf Münchner Universitäten und Hochschulen eingeschrieben

17 000
Objekte sind auf 55 000 Quadratmetern Ausstellungsfläche im Deutschen Museum zu sehen

15 012
Hektoliter Bier wurden 1950 auf dem Oktoberfest getrunken. 2005 waren es rund 60 000 Hektoliter

1300
Zecher finden in der „Schwemme" Platz, dem berühmtesten Gastraum im Hofbräuhaus

über 300
Vorstellungen gehen jährlich in der Bayerischen Staatsoper über die Bühne

knapp 50
Prozent der Münchner Haushalte sind Ein-Personen-Haushalte. Damit ist die Stadt eine der Single-Hochburgen Deutschlands

WATERWORLD

Tauch-Hotel

Der Tipp für den etwas anderen München-Kurzurlaub: Abtauchen im Diver's Indoor-Tauchsportzentrum. In Aufkirchen bei Erding, nahe beim Flughafen, lockt das Taucherparadies mit Taucherglocken-Restaurant, großzügiger Fitnesslandschaft und professionell geleiteten Tauchkursen in abenteuerlichen Unterwasserwelten. **www.indoor-tauchen.de**

TRINKBAR

Biergartenträume

Der Biergarten der Zukunft – so könnte er aussehen: Unter riesigen künstlichen Blättern sitzen und riesige – hoffentlich nichtkünstliche – Biere stemmen. Der preisgekrönte Entwurf von Stefan Lehmann (links) fasziniert: Solartechnik färbt die Blätter jahreszeitgemäß und bei Regen schließen sie sich zum schützenden Dach. Prost utopia!

WAS WÄRE DIE WELT
OHNE GENUSS?
CUVÉE
Riesling Sekt
TROCKEN
Fürst von Metternich
RIESLING SEKT – FÜRSTLICH GENIESSEN
FÜRST VON METTERNICH RIESLING SEKT GIBT ES IN DEN CUVÉES TROCKEN, EXTRA TROCKEN UND BRUT JAHRGANG · WWW.FUERST-VON-METTERNICH.COM

RUNNING GAG **Trans**rapid

Anfang der **1970er** Jahre begeisterte die neue Technologie einer Schwebebahn Politiker unterschiedlicher Couleur. Dann erwies sich die praktische Nutzung in allen bisherigen Fällen als **unwirtschaftlich.** Zuletzt wurde das Projekt eines Transrapids zwischen Hamburg und Berlin zu Grabe getragen. Nun hat sich's endgültig ausgeschwebt. Dachte man. Aber dann kam die **CSU.** Die befürwortet den Bau einer Transrapidstrecke zwischen Hauptbahnhof und Flughafen. Kosten: mindestens 1,6 Milliarden Euro. Fahrzeit laut Betreibergesellschaft: zehn Minuten. Die Alternative, der Bau einer Airport-Express-Strecke auf der Schiene, würde 625 Millionen Euro kosten. Fahrzeit hier: 25 Minuten. Zurzeit benötigt man mit der S-Bahn 45 Minuten. Ob, wann und was tatsächlich gebaut wird, soll sich bis Ende 2006 entscheiden.

Als alle schweben wollten: Bei der Präsentation des Transrapid-Vorläufers, 1973 in Bonn, strahlen Justizminister Jahn (SPD), Innenminister Genscher (FDP) und Finanzminister Schmidt (SPD)

ZÜNFTIG **Trachten**verleih

Wer, ob als Münchner oder „Zugroaster", in die Verlegenheit kommt bei offiziellem Anlass in Tracht erscheinen zu müssen, dem sei, statt zum Kauf, zum günstigeren Leihen der Kluft geraten. Etwa bei Kostüme Breuer, Hohenzollernstraße 22 a, www.kostuemverleih.com

ERNÜCHTERND **Oktoberfest**blues

Am Rande der „Wiesn" duckt sich seit 2004 ein flacher, kupferfarbener Kasten mit drei mächtigen himmelwärts ragenden Hubtoren. Das **„Servicezentrum Theresienwiese"**, ein Entwurf des Berliner (!) Architekten Volker Staab, ist ganzjährig Sitz der Stadtwerke und des Tourismusamtes. Das in der Münchner Bevölkerung umstrittene Gebäude können erlebnisorientierte Besucher des Oktoberfestes auch von innen kennen lernen: Dann sind neben Polizeirevier und Krankenstation auch Ausnüchterungszellen geöffnet.

M wie Miss America.
I wie ich gönn' mir was.
BROADWAY
T wie tolle Shows.
FLUG
HOTEL
T wie Traumkombinationen.
E wie 1 Mio. Erlebnisse.
N wie Nachtquartier.
D wie Dschungel.
FLUG ab Köln/Bonn ab 489,-
R wie richtig günstig.
I wie ins Grüne.
N wie nette Restaurants.
New York von A-Z: alle Flüge, alle Hotels und spannende Erlebnispakete. Im TUI Reisebüro oder selbst kombinieren auf www.TUI.com
Städte erleben
TUI
TUI macht jeden Wunsch zur Reise.

Bleibt länger im Gedächtnis.
Der neue Audi A6 allroad quattro.
Neue Kraft entsteht – zuerst in Ihrem Kopf: Schon der erste Anblick des neuen Audi A6 allroad quattro genügt, um ihn nicht mehr zu vergessen. Sein ausdrucksstarkes Design bleibt haften – in Ihren Gedanken. Und auf der Straße? Dort sorgen der permanente Allradantrieb quattro® und das weiterentwickelte Stabilisierungsprogramm ESP für erstaunlichen Grip. Um einen Offroad-Modus erweitert, stellt es sich im Gelände auf die Umgebung ein. Testen Sie den neuen Audi A6 allroad quattro bei einer Probefahrt – auch die werden Sie vermutlich nicht vergessen.
Ab 23. Juni bei Ihrem Audi Partner.

Die Milchbärte haben gut strahlen. Als kleine Erwachsene kommen sie daher und die Trachten wachsen einfach mit

WELTSTADT DES LICHTS

Schillernd zeigt sich München im Schein der Sonne. Und wenn die nicht mitspielt, beleuchtet sich die Stadt mit ihrem Glanz eben selbst

Der glänzende Friedensengel in der Prinzregentenstraße erinnert an den Krieg 1870/71 und, in bewusstem Gegensatz zu seiner Berliner Schwester, an den Frieden danach

Wenn auch der lichte Chinesische Turm im Englischen Garten Internationalität verheißt: Hier ist der Münchner selig zu Haus, bei Tag und bei Nacht

Foto: Gerald Hänel

MILDE NÄCHTE UNTER LATERNEN

Bausubstanz wiederbelebt: „Fünf Höfe" wurden zum neuen Shoppingdorf, dem Tageslicht mussten die Architekten ein wenig nachhelfen

LEBEN UNTER NEUEM HIMMEL

Bausubstanz verloren: Für das Rathaus von 1909 mussten 24 stattliche Bürgerhäuser weichen, nur die vor allem Unbill schützende Mariensäule blieb stehen

Foto: Gerald Hänel

Von der Feldherrnhalle blickt der bronzene Fürst von Wrede an der Theatinerkirche vorbei auf die Ludwigstraße, und stünde nicht der 100-jährige Löwe im Weg, sähe man auch das Siegestor

DES KRIEGES LANGE SCHATTEN

Im Untergrund herrscht Helligkeit. Der U-Bahn-Station Westfriedhof leuchten Halbkugeln heim, als wollten sie Riesenküken ausbrüten

FEUER VON ALLEN SONNEN

Die Kirche, die die Brüder Asam 1746 stifteten, ist „barokoko“ im Überfluss. Kaum zu ertragen, wenn die Sonne golden durchs Fenster scheint

Lange erschien den Münchnern das Olympiastadion als Fremdkörper. Auch nach mehr als 30 Jahren dauern die Prozesse der Aneignung noch an, mit Hut und Horn

Foto: Gerald Hänel

AUFTRITT DER OLYMPISCHEN
SPIELER

Foto: Hans Madej

Im Café Opéra stellen sich Promis dem Blitzlicht: Wenn in München gefeiert wird, geht die Post ab. Denn die teilt sich mit der In-Location das einstige Palais Törring-Jettenbach

FESTE IM GLANZ
VON 1000
WATT
Feuerwehrzufahrt

Münchner Sehenswürdigkeiten: Ludwigs Propyläen und die neueste SMS

EIN SCHRECKLICH SCHÖNER ZWITTER

Sexy und spießig, weltbürgerlich und kleinkariert: München führt ein seltsames Doppelleben. Das kann man mögen oder nicht, aber kalt lässt die Stadt niemanden. Eine Hassliebeserklärung von Verena Carl

Städte sind wie Menschen. Köln ist der joviale Saufkumpan, Berlin der unrasierte Szenedichter, Amsterdam die hennahaarige Haschischbraut. Jede hat ihre eigene Persönlichkeit, und man mag sie oder mag sie nicht. Aber München? Was ist das für eine Stadt, mit ihrem hohem Pro-Kopf-Einkommen und ihrer niedrigen Arbeitslosigkeit, ihrer Wiesn-Seligkeit und ihrem viel gepriesenen Freizeitwert? Ist der Eingeborene lebensfroh und herzlich oder arrogant und grantig? Die Kulturszene wegweisend oder versnobt? Das Nachtleben Weltklasse oder peinlich provinziell?

Fragen, bei denen sich selbst Ex-, Neu- und Schon-Immer-Münchner in die Wolle kriegen. Für viele ist die Stadt so etwas wie die Hassliebe ihres Lebens. Der schräge Filmemacher Herbert Achternbusch stoßseufzt „ein bisschen weniger München wäre gut", trinkt aber trotzdem Maß für Maß im „Weissen Bräuhaus", keine 50 Schritte vom Rathaus entfernt. Sigi Sommer, jahrzehntelang Kolumnist bei der *Abendzeitung*, schwärmte: „Ich liebe jeden Tag, den ich in München sein kann und darf." Und lamentierte im gleichen Atemzug, wie seine geliebte Stadt mit ihren Spitzweg-Winkeln geliftet und aufgebrezelt worden sei. Ja, Kruzitürken, fragt sich gelegentlich auch der ganz gewöhnliche Thalkirchener oder Milbertshofener: Wo leben wir denn eigentlich?

München ist schauderhaft spießig, sagenhaft selbstverliebt, schrecklich schön. Eine Femme fatale vom Dorf, oben herum ganz in Gucci und an den Füßen Haferlschuhe. Am besten hat das der Regisseur Helmut Dietl auf den Punkt gebracht, als er Anfang der achtziger Jahre die beiden Hauptfiguren seiner München-Serie „Monaco Franze" erfand: den pensionierten Polizisten Franz Münchinger aus dem Westend, der in den Waschsalons zwischen Kazmair- und Ligsalzstraße mit Studentinnen anbandelt, und seine Gattin Annette von

SAAB
move your mind™
Plötzlich ist Sommer keine
Frage der Außentemperatur.
Die attraktiven Jubiläums-Modelle aus dem Saab 5-Sterne-Sommer.
SAAB 9-3
Ab 229 €
im Monat*
Entdecken Sie die attraktiven Jubiläums-Modelle aus dem Saab 5-Sterne-Sommer, z. B. das limitierte Saab 9-3 Cabriolet Anniversary 2006 mit 2.8-V6-Turbo (184 kW/250 PS). Oder das neue Saab 9-3 Cabriolet Edition mit 16"-Leichtmetallrädern, Lederausstattung und Klima-Automatik. Mehr Informationen bei Ihrem Saab Partner oder unter **www.saab.de**
* 9-3 Cabriolet Anniversary 1.8t-Motor (110 kW/150 PS): unverbindl. Preisempfehlung: 38.050 €; Gesamtlaufleistung: 45.000 km; Laufzeit: 36 Mon.; 259 € Leasingrate im Monat bei einmaliger Anzahlung von 9.512,50 €. 9-3 Cabriolet Edition 1.8t-Motor (110 kW/150 PS): unverbindl. Preisempfehlung: 34.900 €; Gesamtlaufleistung: 45.000 km; Laufzeit: 36 Mon.; 229 € Leasingrate im Monat bei einmaliger Anzahlung von 8.725 €. Ein Angebot der GMAC Leasing GmbH zzgl. Überführung. Kraftstoffverbrauch kombiniert 8,6–11,1 l/100 km. CO_2-Emission kombiniert 206–254 g/km. Fahrzeugabbildung zeigt Sonderausstattung.
Das Saab 93 Cabrio Anniversary

Söttingen, Antiquitätenhändlerin und Opernliebhaberin aus Schwabing. Der Kleinbürger und die Society-Tante, die sich lieben und streiten und doch nicht voneinander lassen können. München ist beides: mal weltoffen und weitblickend, so wie auf diesen Touristenpostkarten, auf denen sich die Alpen gleich hinter dem Marienplatz erheben. Und dann wieder so eng wie die mittelalterlichen Gässchen zwischen Weinstraße und Altem Hof.

Da wäre die Sache mit den Straßencafés. Bekanntlich rühmt sich München, der nördlichste Außenposten Italiens zu sein, und beim ersten Sonnenstrahl stellt jeder Kaffeebudenbesitzer ein paar Klapphocker vor die Tür. So weit, so toskanisch. Aber dann rückt alle halbe Stunde die Polizei an, weil jemand mit seinem Stuhl zehn Zentimeter zu weit in die Mitte des Bürgersteiges gerutscht ist. Nicht, weil die Polizei nichts anderes zu tun hätte. Sondern weil's Nachbarn gibt, die nichts anderes zu tun haben, als die Polizei anzurufen.

Oder die Sache mit dem Sex. Spätestens seit den Tagen der Schwabinger Künstlerbohème Anfang des 20. Jahrhunderts galt die Stadt als Sündenbabel. Unzählige B-Movies mit Namen wie „Mädchen, die nach München kommen" zehrten vom Sex-Appeal der Isarmetropole, und sogar das erste deutsche Playmate, das es 1979 in den US-*Playboy* schaffte, war eine schöne Münchnerin: Uschi Buchfellner, das Bayern-Bunny aus dem Problemstadtteil Hasenbergl. Ein Vierteljahrhundert später stöckeln jeden Sommer aufgerüschte Drag Queens beim „Pumps Race" um die Wette, zum Christopher Street Day 2005 führte der Tunten-Wettlauf sogar quer über den Marienplatz, mitten durch die gute Stube der Stadt.

München leuchtet? Ach was: München schillert. Andererseits wäre eine Amüsiermeile wie die Reeperbahn an der Isar undenkbar. Die Nutten stehen sich bekanntlich nicht in, sondern draußen vor der großen Stadt die Füße platt, in freudlosen Betonwüsten wie der Ingolstädter Straße. Und zu viel Freizügigkeit gehört sowieso bestraft. Etwa das hüllenlose Sonnenbaden im Englischen Garten. Als vor Jahren bei einem sommerlichen Hagelsturm taubeneigroße Eisbrocken vom Himmel fielen, freuten sich zahllose Leserbriefschreiber: Denen hatte es der Herrgott aber mal so richtig gegeben, den Nackerten! München ist eben nicht nur Sodom und Gomorrha, sondern auch Altötting.

Die Schizophrenie ist nichts Neues, das zeigt ein Blick ins Geschichtsbuch. Da war zum Beispiel der Wittelsbacher König Ludwig I., Großvater des Neuschwanstein-Erbauers, aber deutlich stilsicherer als sein Enkel. Als großer Verehrer des Altertums wollte Ludwig München Anfang des 19. Jahrhunderts in ein strahlendes „Isar-Athen" verwandeln. Ihm verdankt die Stadt unter anderem die tempelartigen Prachtbauten auf dem Königsplatz, die Antikensammlung Glyptothek, das ganze Ludwigstraßen-Ensemble inklusive Feldherrnhalle und Siegestor. Ein Panorama mit Wahrzeichen-Charakter. Und was taten die Münchner? Sie meckerten. Das sei doch alles so teuer, und überhaupt: Des braucht doch koa Mensch ned! Aber Weltstadt sein und wichtig, das wollten sie natürlich dennoch.

Klingt vertraut? Kein Wunder: Knapp 200 Jahre später machte der „Münchner Hochhausstreit" Schlagzeilen. Im gesamten Stadtgebiet sollte künftig nicht mehr höher gebaut werden als 99 Meter, forderten besorgte Bürger im Jahr 2004. Damit die Türme der Frauenkirche einsame Spitze bleiben, zumindest im Zentrum. Der ehemalige Oberbürgermeister Georg Kronawitter stellte sich an die Spitze der Initiative, der Ausgang des Bürgerbegehrens war eine Watschn für Kronawitters Amtsnachfolger Christian Ude. Wozu moderne Architektur, im Mittelalter ging's doch auch ohne! Aber Medienstandort sein und High-Tech-Metropole, und immer den passenden Laptop zur Lederhose – darauf ist man trotzdem stolz.

Auch sonst engagiert sich der Münchner am liebsten politisch, wenn's um die bayerische Lebensart geht. Und deren Zentralgestirn ist bekanntlich das Bier. Schon 1874, als die Brauer den Literpreis von acht auf neun Kreuzer erhöhen wollten, ging das Volk in den kollektiven Trink-Streik. Allerdings hielt man's nicht lange durch – macht ja durstig, so eine Aktion. Dieser weltanschauliche Pragmatismus hat freilich auch sein Gutes: Statt zu lamentieren und zu diskutieren, sagt man allenfalls „mei", zuckt mit den Schultern und macht dann aus allem das Beste.

Auch aus Katastrophen. So entstand das Olympiagelände auf einer

Beschaulich der Winkel, weltstädtisch der Auftritt: in München passt das zusammen

Südländisch die Cafés, dusterdeutsch die Feldherrnhalle: in München geht das

Ansammlung von Schuttbergen aus dem Zweiten Weltkrieg. Sportstätten und Park sind heute ein Naherholungsgebiet, mit Gratis-Popkonzerten auf der Open-Air-Bühne „Theatron" und dem sommerlichen Musik- und Kleinkunstfestival Tollwood. Oder das protzige „Haus der Deutschen Kunst", gebaut vom Hitler-Vertrauten Paul Ludwig Troost: Statt es abzureißen, wurde es nach dem Krieg einfach in „Haus der Kunst" umgetauft. Und stellt seither besonders gern die Art von Malerei aus, die zuvor als „entartet" gebrandmarkt wurde. Zur jährlichen „Langen Nacht der Museen" zeigt das Haus avantgardistische Kunstaktionen, das Foyer wird kurzerhand zur Bar, die Ausstellungsräume werden zur Tanzfläche. Dazu legen DJs coole Negermusik auf, bis sich die alten Nazis in ihren Gräbern umdrehen. Hoffentlich.

Auch das ist München: Man arrangiert sich. Mit der Geschichte und miteinander. So mancher, der sich im Lodenfrey-Trachtenjanker auf eine der Bierzeltbänke auf der Wiesn zwängt, kommt eigentlich aus Viernheim, Eisenhüttenstadt oder Geislingen/Steige. Als echte Münchner fühlen sie sich trotzdem, spätestens wenn sie nach der dritten Maß anfangen, über die Bierpreise zu schimpfen. Und auch die „Zugroasten" von noch weiter her gehören selbstverständlich dazu: Wer in Giesing oder im Westend Lust auf einen Apfel bekommt, wird eher von Aphrodite oder Ayshe bedient als von Anja oder Anneliese. Allerdings wird's im Sommer schwierig, in Vierteln wie diesen überhaupt ein Stück Obst zu kaufen. Denn da sperren die Münchner Griechen und Türken ihre Geschäfte ab und fahren für zwei Monate in die Heimat, wo die Sonne noch heißer brennt als über dem Westpark.

Und damit kommen wir zum letzten der Münchner Widersprüche: Von seltenen Ausnahmen abgesehen, geben die 1,3 Millionen Einwohner ein Musterbeispiel für Multikulti-Miteinander, teilen demokratisch ihren Wurstsalat mit dem Nachbarn auf der Biergartenbank – und gleichzeitig sind sie pathologische Selbstdarsteller. Durch alle sozialen Schichten hindurch. Die Traditionslinie luxusverliebter Partyprinzen führt vom Kurfürsten Max Emanuel, der sich am liebsten von Poeten und Musikern feiern ließ, ohne sich sonderlich für Politik zu interessieren, bis zu den notorischen Fußballkönigen und -kaisern der Neuzeit. Deren Verbreitungsgebiete sind neben der Allianz-Arena auch Bussi-Bussi-Events wie die Bambi-Verleihung, wo sie wahlweise mit blonder Ehefrau oder blondem Gspusi auftreten. Das Gspusi wird dann gelegentlich zur Gattin Nummer zwei befördert, nach ein paar Jahren aber durch ein noch jüngeres Modell ersetzt.

Und was Franz und Co. recht ist, ist dem gemeinen, nicht-prominenten Münchner nur billig – Statussymbole gibt's ja in allen Preisklassen. Der Personalchef fährt samstags die Gattin oder Geliebte zum Workout ins „Body-and-Soul"-Fitnessstudio, auf der Heckscheibe des BMW-Cabrios leuchtet das Logo eines Golfclubs vom Starnberger- oder Tegernsee. Die BWL-Studentin trinkt wenigstens ihren Latte Macchiato in der Haidhauser WG-Küche aus dem Käfer-Haferl vom gleichnamigen Feinkostladen. Und die allerschlimmsten Selbstdarsteller überhaupt sind Kulturmenschen: Man muss nur einmal ins Prinzregententheater gehen und sich das klassizistische Fresko an der Decke des Foyers anschauen. Unter den Fabelwesen befindet sich ein Satyr, stilecht mit Lendenschurz und Keule in der Hand, und dem Gesicht August Everdings, des verstorbenen Generalintendanten der Bayerischen Staatstheater. Ihm verdankt das Haus die Renovierung und Wiedereröffnung als Opern- und Konzertbühne.

Das kann man arrogant finden. Aber auch wieder ganz liebenswert. Das Fries war nämlich eine Überraschung des Landesbauamtes, der Herr Everding konnte also gar nichts dafür, dass er dort verewigt wurde. Wahrscheinlich sind es Details wie diese, die Münchens Geheimnis verraten: Egal was er tut, man kann diesem Charmebolzen von Stadt einfach nichts übel nehmen. Höchstens so lange wie es dauert, einen Hocker vor eine Kaffeebude zu stellen, in Pumps über den Marienplatz zu rennen oder einmal aus vollem Herzen „mei" zu sagen. □

Verena Carl, *Journalistin, Literatin und Dichterin, hat neun entscheidende Lebensjahre in München verbracht.*

www.visitportugal.com
Portugal.
Tauchen Sie ein
Genießen Sie Spaziergänge an den weiten, weißen Sandstränden unserer Atlantikküste unter einer Sonne, die das ganze Jahr über scheint. Tauchen Sie ein in das ruhige Meer, das Portugal umsäumt. Hier, wo sich das Meer im Himmel spiegelt.
01805004930
PORTUGAL
westlich denken

DER NEUE VOLVO C70. ÖFFNEN SIE IHRE SINNE.

FEEL IST DAS ERLEBNIS DER SINNE, DAS DER NEUE VOLVO C70 ERÖFFNET.
ER IST COUPÉ UND CABRIO IN EINEM.
MIT EINEM VÖLLIG NEUARTIGEN METALLDACH, DAS SICH IN WENIGER ALS 30 SEKUNDEN ÖFFNET UND GENAUSO SCHNELL WIEDER SCHLIESST. UND MIT KOMFORTABLEM PLATZ FÜR VIER PERSONEN.
MEHR INFORMATIONEN ÜBER DEN NEUEN VOLVO C70 ERFAHREN SIE JETZT UNTER
WWW.FEEL.DE
VOLVO
Volvo. for life

Vier Löwen am Zügel der Bavaria. Das Gespann bekrönt das Siegestor – Erinnerung an Triumphe bayerischer Armeen

Prosecco, Pommes, Pekinese – in den Cafés auf der Leopoldstraße gibt man sich gern auffallend unauffällig

Foto: Gerald Hänel

Schwabing die Leichtigkeit des Scheins

Königlich-bayerisch und schickimickigeil: Münchens berühmtester Stadtteil ist nicht kleinzukriegen. Ein Viertel, das jeder verkennt

Text: Martin Rasper

Foto: Gerald Hänel

Kunstvoll entspannen: Vor der frisch herausgeputzten Akademie der Bildenden Künste genießt ein Studentenpaar die Mittagssonne

Gemeinsame Sache in der Türkenstraße

Am Georg-Elser-Platz leben Menschen ohne Zeitgeist-Zwang. Neuschwabinger wachsen hier im bunten Durcheinander auf

Wenn der Ahorn sich am Kleinhesseloher See färbt, so wird er nicht einfach gelb. Er nimmt die Farben von Weißbier und Radler an

Das Leben ist ein langer, ruhiger Tag

Am Elisabethplatz leben Menschen in gelassener Beschaulichkeit. Höhepunkt des Alltags: der Einkauf in den Marktbuden

Foto: Gerald Hänel

Nach landläufiger Meinung ist Schwabing ein Stadtteil Münchens. Ob das stimmt, soll zunächst offenbleiben; denkbar wäre auch das Gegenteil. Halten wir uns an die Fakten. So ist Schwabing, zum Beispiel, viel älter als München. Als an der Stelle der späteren „Isarmetropole" noch der Flussregenpfeifer über den Kiesstrand stolperte, wehte zehn Kilometer weiter nördlich längst der Mantel der Geschichte. Ein zugereister Schwabe hatte sich niedergelassen und dem Ort seinen Namen gegeben; dann war er pleite gegangen, sein Nachfolger hatte den verschuldeten Besitz listig dem Kloster Schäftlarn geschenkt, gegen die ausdrückliche Erwartung, dafür bitteschön vom Fegefeuer verschont zu werden; spätere Nachkommen bauten eine kleine Burg, die bald zusammenkrachte – und das alles, bevor in München der erste Sack Salz umgefallen war.

Was also soll das eigentlich sein, dieses Schwabing? Eine „Traumstadt", wie der Schriftsteller Peter Paul Althaus meinte? Ein „Weltvorort", wie der Philosoph Ludwig Klages, gar „ein abenteuerlicher Weltteil", wie der Buchautor Kurt Seeberger schrieb? Oder überhaupt kein Ort, sondern, nach Erich Mühsam, ein „Zustand"? Beziehungsweise noch nicht einmal ein Zustand, sondern „Zustände", wie die Lebedame Franziska zu Reventlow befand? Die übrigens, um das Namedropping damit zu beenden, auch die ewig gültige Chiffre für Schwabing geprägt hat: „Wahnmoching".

Ein bisschen Verrücktheit gehört also offenbar dazu, wenn man Schwabing fassen will, etwas Abgehobenes, Spielerisches, Ungeplantes. Schwabing, das ist der swingende Klang des Namens, mit dieser Endung, die nur hier so luftig und federnd klingt, im Gegensatz zu, sagen wir: Zorneding. Schwabing, das ist „ein heiteres Pleinair", das sich „um alle Gedanken und Wünsche schmiegt", wie Rilke schwärmte, der immer

Der „Alte Simpl“, vor hundert Jahren Kult- und Künstlerkneipe, ist heute bayerisches Wirtshaus mit blankgescheuerter Tradition

Exotik hat in Schwabing viele Gesichter

Schwabinger Boutique – das ist noch immer ein Markenzeichen und steht für individuelle Mode unbekannter Labels

mal vorbeischaute und den Winter 1918/19 in der Ainmillerstraße in einer heißen Liebesaffäre mit der Schriftstellerin Claire Studer verbrachte. Schwabing, das ist der heldenhafte Mut zum Scheitern, verbunden mit großstädtischer Bauernschläue, denn auch der „Schlawiner“ ist ein Schwabinger, entstanden angesichts der zahlreichen Slawen in der Bohème der Jahrhundertwende. Schwabing, das ist der berühmte Satz des Monaco-Franze: „A bissl was geht immer“ – und wenn Besserwisser anmerken, dass es auf gut Bayerisch „oiwei“ (allweil) heißen muss statt „immer“, dann ist das zwar vordergründig richtig, zeigt aber genau den Unterschied: Schwabing ist nicht Bayern. Und Schwabing ist schließlich, um dieses Missverständnis auch zu beseitigen, zwar manchmal, aber nicht unbedingt: Stil.

Definieren wir also Schwabing vorläufig als eine Art Gefühl – vielleicht so ähnlich wie man sich das auf dem Planeten Ursa Minor Beta aus dem Science-Fiction-Klassiker „Per Anhalter durch die Galaxis“ vorstellen muss, wo aufgrund „einer Laune der zeitlichen Relastatik“ fast immer Samstagnachmittag ist, „kurz bevor die Strandbars schließen“. Machen wir einfach die Probe aufs Exempel. Nehmen wir eine beliebige Jahreszeit: vielleicht den Frühsommer, wenn die Bäume schon im Saft stehen. Dazu eine Tageszeit: am besten den frühen Abend, wenn die Banalität

Ein Planet für alle Kontinente

Unter dem Monopteros im Englischen Garten: die Karibik trommelt indische Afrikanismen und die ganze Welt macht mit

des Tages verblasst ist und die Verheißungen der Nacht noch intakt sind. Einen typischen Ort: die Leopoldstraße, dort wo der Verkehr rauscht, aber auch die riesigen Pappeln.

Und dann noch eine Sitzgelegenheit, die nach all dem natürlich nur ein Caféhausstuhl sein kann. Lehnen wir uns also zurück und lassen flanieren. Wir sehen: Ostwestfälische Hausfrauen in bunten Sweatshirts mit dem festen Willen, sich zu amüsieren; trinkfeste Jugendliche aus Holzkirchen oder Altomünster, die sich hier warmlaufen, weil es noch zu früh ist für den Kunstpark Ost; staksende Inline-Skater, die so unauffällig wie möglich die Kurve vom Radweg ins Café zu kriegen versuchen; junge Frauen, deren Sonnenbrillen im Haar so festgesteckt scheinen wie der betont gelangweilte Ausdruck im Gesicht; Designer-Sakkos und Billig-T-Shirts, hochgebirgsfeste Treter und Spaghetti-Tops, Strass und Kaschmir, Wolle und Leder, Filz und Lack, H&M & C&A & D&G; Strings, die sich sichtbar über Hüften spannen, und Jeansränder, die erkennbar an den Schamhaaren kitzeln würden, wenn diese nicht selbstverständlich wegrasiert wären.

Ach ja, man hatte ganz vergessen, dass Schwabing irgendwie auch Erotik bedeutet(e). Anfang der Siebziger zum Beispiel gab es mal eine Zeit, da wurden in Deutschland praktisch nur Sexfilme gedreht. Und zwar wo? Genau.

Dass das überhaupt so ist; dass Schwabing immer noch diesen Klang hat und diese Anziehungskraft, die ein gerüttelt Maß beiträgt zu dem ganzen Weltstadt-mit-Herz-Getue und heimliche-Hauptstadt-Gewese; dass sich so ein Image derartig hartnäckig hält – das liegt natürlich an Schwabings großen Zeiten, Anfang des 20. Jahrhunderts und dann noch mal, wie ein ironischer Nachhall, in den sechziger Jahren. Wobei man nicht weiß, worüber man sich mehr wundern soll: darüber, dass die große Zeit der Schwabinger Bohème auch hundert Jahre danach noch so stark wirkt, oder darüber, dass es sie überhaupt gegeben hat.

Damals war Schwabing zwei Jahrzehnte lang, von den neunziger Jahren des 19. Jahrhunderts bis zum ersten Weltkrieg, ein kreativer Schmelztiegel, wie es ihn in Deutschland weder zuvor noch danach je gegeben hat. Ein riesiges Gebiet, der ganze Bereich nördlich des Univiertels und westlich der Leopoldstraße war zur Gründerzeit innerhalb kurzer Zeit bebaut worden, mit schnell hoch gezogenen Neubaugebieten, die manchmal ebenso schnell wieder zusammenkrachten. Überdies eröffnete 1884 die Kunstakademie neben dem Siegestor, und es entstand eine ganz neue Szene: Geschäfte mit Künstlerbedarf sprossen hervor, private Kunstschulen wurden gegründet, Kunststudenten mieteten Zimmer und brauchten Cafés, in denen sie sitzen und schauen konnten. Schnell sprach sich herum, dass in München erschwinglicher Wohnraum vorhanden und das politische Klima liberaler war als in Berlin. Schwabing wurde zum Ort der unbegrenzten Möglichkeiten. „Maler, Bildhauer, Dichter, Modelle, Nichtstuer, Philosophen, Religionsstifter, Umstürzler, Erneuerer", zählte der Schriftsteller und anarchistische Politiker Erich Mühsam auf, „Sexualethiker, Psychoanalytiker, Musiker, Architekten, Kunstgewerblerinnen, entlaufene Höhere Töchter, ewige Studenten, Fleißige und Faule, Lebensgierige und Lebensmüde, Wildgelockte und adrett Gescheitelte" – alle vereint „in einer unsichtbaren Loge des Widerstands gegen die Autorität der herkömmlichen Sitten."

Was für eine Zusammenballung kreativer Kräfte! Als gäbe es kein Morgen, rührte der Weltgeist zusammen, was nicht zusammengehört: den späteren Dadaisten Hugo Ball und den späteren DDR-Kulturminister Johannes R. Becher, Franziska zu Reventlow und Ricarda Huch, Ludwig Thoma und Rainer Maria Rilke, Olaf Gulbransson und Thomas Mann. Ständig entstanden

wir sehen
ein neues Unternehmen, neue Jobs
und großes Potenzial.
Die Microsoft® Gründerinitiative hilft jungen deutschen High-Tech-Unternehmen beim Start in eine erfolgreiche Zukunft. Zusammen mit unseren Partnern aus Industrie, Politik und Wissenschaft sowie nationalen und regionalen Gründerinitiativen unterstützen wir mit Technologie, Schulung und Beratung. So fördern wir Mut und innovatives Denken, schaffen Arbeitsplätze und sorgen dafür, dass die Wirtschaft in Deutschland weiter wächst. Erfahren Sie mehr unter www.microsoft.com/germany/potenzial
software
Ihr Potenzial. Unser Antrieb.
Microsoft®
© 2006 Microsoft Corporation

Hochburg der Unangepassten

Eine Straße, eine Band und eine Geisteshaltung: die Münchner Freiheit

neue Zirkel und Salons, Vereinigungen und Zeitschriften. Anarchisten-, Feministinnen- und Lebensreformer-Vereine bastelten an der Vision vom neuen Menschen. Die Zeitschrift „Jugend" schuf einen völlig neuen Stil, der sich weltweit verbreitete; der 1896 fast gleichzeitig gegründete „Simplicissimus" erneuerte die politische Satire. Alexej Jawlensky und Mariane Werefkin, Wassily Kandinsky und Gabriele Münter schufen die Kunst des Blauen Reiter; zwei Häuser weiter wirkte Paul Klee. Ein russischer Exilant, der sich Lenin nannte, gründete mit seiner Frau Nadeschda Krupskaja und einigen Getreuen die Zeitschrift „Iskra" und trieb die Weltrevolution voran. Joachim Ringelnatz deklamierte Verse in Cafés, Frank Wedekind sang zur Gitarre und Stefan George pflegte mit seinen Jüngern eine mystisch-esoterische Selbstinszenierung der abgehobensten Art, bis ihn die Reventlow auf Normalmaß zurechtstutzte, indem sie ihn „Weihen-Stefan" nannte. In dieser Zeit war München, pardon: Schwabing, wirklich Weltstadt.

Vorbei. Ein letztes Mal Avantgarde war Schwabing 1962 mit den Krawallen, als ein paar ordnungswidrig musizierende Leute die ganze Härte der Staatsmacht zu spüren bekamen und berittene Polizei besinnungslos in die Straßencafés preschte.

Tagelange Tumulte waren die Folge, ein frühes Fanal der Studentenbewegung. Deren große Bühne aber wurde dann eher Berlin. Der Kommunarde Rainer Langhans, der Politkrawallo Dieter Kunzelmann, der Szene-Cartoonist Gerhard Seyfried – sie alle entstammten dem Biotop Schwabing, konnten aber erst in Berlin so richtig ihre Wirkung entfalten.

Schwabing ist tot: Das Lamento durchzieht seither wie ein basso continuo den München-Diskurs für Fortgeschrittene. „Jede Zeit hat ihr besonderes Gesicht. Schwabing hat zur Zeit eine Visage", schimpfte 1961 Peter Paul Althaus, Schriftsteller und Urgestein der Schwabinger Szene; und der Flaneur Sigi Sommer, Kolumnist der „Abendzeitung", stellte später ebenso apodiktisch fest, Schwabing sei nicht mehr das Herz Münchens, sondern nur noch sein Unterleib. Bei diesem Thema verdreht Brigitta Rambeck, Malerin, Bildhauerin und Autorin, genervt die Augen: „Ich kann es nicht mehr hören, dieses Gerede, dass Schwabing tot ist. Wir leben doch noch! Und arbeiten und machen unsere Kunst wie immer!" Natürlich, sagt sie, „manche Leute sterben, Dinge verändern sich. Und heute gibt es eben mehr diese Event-Kultur. Aber so ist es halt. Da entwickelt sich auch Neues."

Das stimmt, aber das kostet auch. Die Mieten sind brutal; überall hört man von Fällen, in denen alteingesessene Läden weichen müssen, weil der Hausbesitzer an eine Kette vermietet. Wenn überhaupt etwas, dann ist es diese Entwicklung, die Schwabing irgendwann tatsächlich bis zur Unkenntlichkeit verändern wird. Aber noch gibt es das alte. Die Läden, die mit ihren Inhabern verwachsen sind, die Institutionen des Alltäglichen, ohne die kein lebendiges Viertel auskommt: Geschäfte wie den Blumenladen der alten Frau Faltermeier in der Türkenstraße, die in dem grünen Dschungel selber wirkt wie eine seltene Blüte; oder Läden wie die Kunstoase in der Hohenzollernstraße, ein unbeschreibliches Kelleruniversum aus Tausenden von Lampen, Möbeln und Bildern, in der man offenen Mundes am Eingang stehenbleibt wie ein Kind vor einer Schatzhöhle. Es gibt sie noch, die Antiquariate der abgebrochenen Kunstmaler und ausgestiegenen Anwälte, den Eisenwarenladen, in dem man Schrauben noch einzeln kaufen kann, die Öko-Kosmetikerin in ihrem uralten Salon, die einen, wenn man nicht aufpasst, in ein Gespräch über Tierschutz verwickelt; es gibt noch den Alten Simpl, das Café Jasmin und den Atzinger, das Lustspielhaus und die Lach- und Schießgesellschaft, das

Wir leben noch. Und wir machen weiter

Ganz eigene Mode schöpft Kiki Haupt. Dazu braucht sie „Schwabinger Luft"

Theater am Sozialamt und das Heppel & Ettlich. Man muss nur nach ihnen Ausschau halten zwischen den Burger-Bratern und den standardisierten Coffeeshops.

Und es gibt die Frau Faltermeiers von morgen, Leute wie die Hutmacherin Nicki Marquardt oder die Modedesignerin Kiki Haupt. Die fertigt handgearbeitete Handtaschen und Accessoires, die sich in den letzten Jahren eine eigene Fangemeinde erobert haben, sitzt mit ihrer Werkstatt und ihrem Laden in der Herzogstraße und kann sich einen anderen Standort überhaupt nicht vorstellen: „Ich brauche die Schwabinger Luft", sagt sie, „diese Inspiration, diese Mischung aus Bodenständigkeit und Kreativität.

Das geht in keinem anderen Stadtteil. Für mich gibt es ein spezielles Schwabing-Gefühl. Das hat was mit Identität zu tun, mit Authentizität; deshalb muss es auch Handarbeit sein. Dieses Gefühl tragen die Frauen mit meinen Taschen in die Welt – und wenn die Welt nur Nordrhein-Westfalen ist."

Sie hat tatsächlich „Schwabing-Gefühl" gesagt!

In Carl Amerys apokalyptischer Novelle „Der Untergang der Stadt Passau" sieht man nach dem Untergang der Zivilisation dort, wo einmal München war, die Menschen der Zukunft „wie aufgescheuchte Wildschweine durch die Distelsteppe des überwachsenen Mittleren Rings galoppieren, auf der Flucht vor dem Brand und den Jägern". Aber, und das hat Amery nicht verraten: Dort, wo einst Schwabing war, werden die Disteln weniger stark stechen als anderswo; und es wird ein Geruch in der Luft sein von würzigen Kräutern; und die Steppe wird in der Abenddämmerung geheimnisvoll leuchten. Irgendwann wird es einer bemerken. Und dann geht alles wieder von vorn los. □

Martin Rasper *hat schon zweimal in Schwabing gewohnt, ist aber seit zehn Jahren überzeugter Neuhausener und betrachtet Schwabing aus der Nachbarschaft.*

MERIAN | TIPPS Schwabings starke Adressen

Blumen Faltermeier
Sissi Faltermeier bindet die schönsten Sträuße und wurde sogar schon in einem Buch verewigt. **Türkenstraße 94 Mo-Fr 9-18 Uhr, Sa 9-14 Uhr**

Die Kunstoase
Kitsch as Kitsch can: Auf 300 qm ein Sammelsurium von alten Möbeln, Teppichen, Keramik, Bildern und Porzellan. **Hohenzollernstraße 58 www.kunstoase.de, Mo-Fr 9-19.30 Uhr, Sa 9-18 Uhr**

Kiki Haupt
Verspielte Mode made in Schwabing. **Herzogstr. 89 www.kikihaupt.de Mo-Fr 10-18 Uhr**

Nicki Marquardt
Kein Hut ist wie der andere, und für jeden findet sich der passende Kopf. **Türkenstr. 76 www.nickimarquardt.de Mo-Fr 10.30-18 Uhr Sa 10.30-13 Uhr**

Alter Simpl
Seit über 100 Jahren die Mutter aller Künstlerkneipen. Hier trug Ringelnatz Gedichte vor und Kandinsky bezahlte notfalls mit Gemälden. **Türkenstraße 57, www.altersimpl.de tgl. 11-3 Uhr**

Atzinger
So muss ein Traditionslokal sein: Schaut auch frisch renoviert alt aus! Für den großen Hunger. **Schellingstr. 9 tgl. 10 bis 3 Uhr**

Café Jasmin
Ein Oma-Café im Stil der 50er-Jahre, das auch Studenten toll finden. **Augustenstr. 74 tgl. 9.30-19.30 Uhr**

Schelling-Salon
Über 130 Jahre altes Lokal, in dem der Zigarrenrauch von Lenin und Theodor Heuss, von Bertolt Brecht und Henrik Ibsen an den Wänden hängt. **Schellingsstr. 54, www.schelling-salon.de, Do-Mo 10-1 Uhr**

Lustspielhaus
Alle großen Kabarettisten spielen und ätzen hier: Bruno Jonas, Frank Goosen, Josef Hader **Occamstr. 8, Tel. 34 49 74 www.lustspielhaus.de**

Theater am Sozialamt
Deftige Bayernbühne, bestes Hinterhoftheater. **Haimhauser Straße 13a, Tel. 34 58 90**

www.osram.de
100
YEARS OF INNOVATION
OSRAM

Frohe Erwartung in gefälschter Tracht: Touristen wollen mitsaufen

Bayerische Mysterien

Enthemmung und ozeanische Selbstauflösung: das Oktoberfest dient allen Urlüsten und führt die Menge in einen dionysischen Rausch, der feierlich unter Tränen endet Text: Verena Lugert

Rote Gesichter triefen von Schweiß, die Schädel sind erhitzt und immer neues Bier strömt in die Tiefen ihrer Schlünde. Die Luft ist gesättigt vom Brodem aus geröstetem Schweinsbraten, Zwiebeln und Bierdunst. Fleischfetzen werden von buttergoldenen Hähnchen gerissen, in feuchte Mäuler gestopft, und alle Hemmung fährt dahin. Die Menge huldigt dem Rausch und der Fruchtbarkeit, und dunkler Rauch steigt zum weißblauen Himmel von 90 Ochsen, die über offenem Feuer hängen.

Was wie eine kultische Orgie anmutet, ist eine beinahe zwei Jahrhunderte alte Münchner Institution. Ein Mysterium der Triebabfuhr, ein Überschreiten der Grenze vom Ich zum Wir. Ein Ritual, jedes Jahr wiederholt, wenn die Blätter der Bäume beginnen, sich herbstlich zu färben, wenn die Sonne goldene Strahlen wirft und Clanchef Ude die bayerischen Dionysien mit dem Zauberspruch „O'zapft is" über die Stadt hereinbrechen lässt: das Oktoberfest.

„Uh! – Ah! – Uh! uh! – Ah! ah!" ist der Refrain von DJ Ötzis „Hey Baby", ein Brunftschrei, ein viriles Röhren. Die Masse fasst sich unter, schunkelt und erhebt sich auf die Bänke, das Bier schäumt und strömt, in feuchten Blicken glitzert die Lust. „Jeder Macho wird zum Dackel, wenn ich mit meiner Kiste wackel", singen die Frauen den nächsten Wiesnkracher mit.

Es ist ein Ritual, das vom Stamm der Baibari zelebriert wird. Baibari, wie die älteste Nennung des Bayernvolkes lautet – Baibari, das etymologisch die Bayern als „die Träger von Lodenkleidung" bezeichnet. Lodenjanker tragen in der Tat immer noch viele. Und drunter – ob Bayer, Preuße oder Ami: Lederhosen und Dirndl, egal ob traditionell von Loden-Frey oder verspielt von Lola Paltinger. Die Stammestracht betont primäre und sekundäre Geschlechtsmerkmale – das stramme Dirndl ist wie ein Ausrufezeichen für das Holz vor der Hütt'n, die Lederhose ist eine einzige Akzentuierung des Hosenstalls. Die Dirndl sind mit einer Codierung versehen: Rechts gebundene Schürzen weisen die Trägerin als verheiratet aus, ist sie links gebunden, geht da einiges.

Die Busenschluchten sind so tief, dass man meint, darin ein Echo zu hören. Als die EU erwog, den Wiesnkellnerinnen die großen Ausschnitte im Dirndl wegen starker Sonneneinstrahlung zu untersagen, wurden die Zeltherren ernsthaft grantig. Ein Eingriff sei das, tobte Toni Roiderer, der Sprecher der Festzeltwirte, ein Eingriff in die Gepflogenheiten eines Landes! Inzwischen hat sich das Missverständnis aufgeklärt. Die EU-Richtlinie zum Sonnenschutz am Arbeitsplatz ist nicht auf Servicepersonal anwendbar – also auch nicht auf die Wiesnkellnerinnen.

Bayern ist für das Ritual Oktoberfest gut trainiert, es verfügt über die notwendige psychokulturelle Infrastruktur: den Katholizismus. Er hat ein Stammesgedächtnis geschaffen, das an Rigidität und Ritus geschult ist, an der Gewohnheit zur Sünde, weil man die ja wieder los wird, am Samstag im Beichtstuhl. Am Verbot – und der Lust, es zu brechen. An dunkler Mystik und barockem Lebensgefühl.

Dass ein Oktoberfest in protestantischen Teilen Deutschlands nicht möglich ist, liegt auf der Hand: Wo das klare Licht der Vernunft sämtliche Abseitigkeiten ausbrennt, wo Luther gegen den „Saufteufel" zu Felde zog, wo man auf Ausgewogenheit setzt statt auf Zuspit-

KARL UND SABINE KLEIN,
STOLZE ENTDECKER DER KLARSTEN LUFT UND DER BESTEN AUSSICHT VON GANZ IRLAND, HABEN HIER GESESSEN – BIS VOR WENIGEN MINUTEN.
Die Cliffs of Moher im County Clare. Ein Schritt nach vorn und es geht 200 m hinab. Hier atmen Sie Seeluft, die 3000 km kein Land mehr streift. Mehr unter 0 69 - 66 80 09 50 oder auf unserer Website.
Dein ganz persönliches Irland
Entdecke es auf www.entdeckeirland.de

Was nei geht, muss aussi. Und das geht selten so diszipliniert vor sich wie hier

zung und die Arbeitsmoral calvinistisch geprägt ist, bringt die Seele zur Verzückung nur geringe Begabung mit.

Wichtig für das ozeanische Gefühl, das Aufgehen in der Masse, ist die Gleichheit der Feiernden. Nur so gelingt die Verwandlung von vieltausend Körpern in einen einzigen Leib. Sechs Millionen Besucher zählt das Oktoberfest jedes Jahr, sechs Millionen Menschen, geeint in dem einzigen gemeinsamen Willen: sich ordentlich zu besaufen.

Senioren schunkeln mit jungen Australiern, Roberto Blanco prostet Schulmädchen zu und in der Nebenbox kann gut ein Pornoproduzent mit seiner kompletten Belegschaft sitzen. Alle sind gleich, manch einer gleicher – aber in jedem Fall ist der Abstand zwischen Star und Volk deutlich geringer als sonst. Man ist Kameras so sehr gewöhnt auf der Wiesn, dass vor zwei Jahren ein kompletter Spielfilm – er heißt „Oktoberfest“ – in den Zelten inmitten der Menge gedreht werden konnte, ohne dass ein Mensch davon Notiz nahm. Nur die Schauspielerin Barbara Rudnik war genervt, weil die Gäste immer bei ihr Bier bestellen wollten. Sie spielte eine Kellnerin.

Neben der Gleichheit braucht das Fest die Ordnung einer Liturgie – gleiche Gesänge, immer neu angestimmt, die Wechselrede zwischen der Musik und dem Publikum. „Prost, ihr Säcke!“ schreit der Kapellmeister von der Bühne, „Prost, du Sack!“ echot die Menge und stampft die halben Hendl und die Scherben der vielen Tausend Krüge in den Bretterboden. „Oans! Zwoa! G'suffa!“ brüllen die Feiernden. Untermalt von der Blasmusik. „Meine super Pampelmusen sind der Gipfel in der Blusen“, heißt es in einem Lied und die Derndln haben Mühe, ihre Zwillinge beim Schunkeln in den engen Miedern zu halten. Wie in einer Messe wird Opfergeld gesammelt, bevor der Kelch mit dem Wundertrank an die Lippen geführt werden kann. Über sieben Euro sind pro Maß fällig, den gierigen Wirten oft noch zu wenig. „Aggressiv verkaufen“, weist der Wirt des Promizeltes Hippodrom seine Bedienungen an, hart ist er zum Personal, aber ein Charmeur auf dem Bussi-Parkett. Die Hemmungen fallen, manche Bedienung hat schon Gäste gesehen, die sich auf die Bierbänke der Empore gestellt haben und in hohem Bogen heruntergebieselt haben. „Was nei geht, muss aussi“, soll der zur Rede gestellte Gast nur gesagt haben.

Ein Trieb nach dem anderen bricht sich Bahn und verlacht das Über-Ich: Der orale Trieb lebt sich im Fressen und Saufen aus und der Aggressionstrieb sprengt mit einem Krachen seine Ketten. Auch wenn Willy Heide, Seniorchef vom Bräurosl-Zelt, jedes Jahr vor dem Oktoberfest eine Wallfahrt nach Maria Eich unternimmt, um für eine friedliche Wiesn zu beten. Schnell kocht sie über, die Stimmung, Schlägereien finden sich hier wie dort, von den Balkonen plumpsen Bierleichen und größere Streitigkeiten werden mit einem Maßkrug als Schlagwaffe geklärt. Dabei wird die Aggression meist gar nicht als solche empfunden, wie der bayerische Kabarettist Gerhard Polt in seinem Stück „Attacke auf Geistesmensch“ zeigt. Da wird ein renitenter Nobelpreisträger mit einem Maßkrug erlegt, wobei Zeuge Polt schwört: „Vom Zuschlagen kann gar keine Rede nicht sein. Der Adi hat den Krug bloß ganz leicht auf den Kopf von dem Zwetschgenmanderl aufg'setzt. Wenn i scho Nobelpreisträger bin, dann muss i doch wissen, dass ich mit einem Kopf, der wo nix aushält, nicht aufs Oktoberfest gehen kann.“

Der Eros befreit sich im Grabschen, im Schmusen – und „mei, i hab a scho g'sehn, wia's in da Eck'n g'schnackslt ham“, schwört eine Kellnerin.

Und wenn das „schönste Volksfest der Welt“, wie es Ex-Wiesn-Wirtin Sabine Käfer nennt, zu Ende geht, wenn die Lichter ausgeknipst werden, wird auch noch dem Ungläubigsten feierlich um das Herz. Barbara Rudnik, die ja nur zum Arbeiten auf der Wiesn war, erinnert sich: „Dann kam der letzte Abend. Die letzte Stunde, die letzte Minute. Plötzlich gingen die Lichter aus, es war stockduster. Überall blitzten Wunderkerzen auf, tausende von Menschen sangen in die Dunkelheit hinein. Es war eine Feierlichkeit, die ich nie vergessen werde.“ Nicht selten weinen die Menschen dann hemmungslos.

Weil der feiernde Riesenleib wieder in tausend Einzelwesen zerbröselt. Weil sie aus sind, die weißblauen Dionysien, weil der Zauber vorbei ist. Und weil am nächsten Tag Bayern wieder das Land ist, wo die Ordnung herrscht und die Zucht. □

Verena Lugert *lebt als Weltbürgerin in München, studierte dort und beobachtet die Stadt für das Magazin* Neon.

Christian UDE 58, Oberbürgermeister von München Für seinen sarkastischen Witz und seine brillante Rhetorik ist er bei seinen Nachrednern gefürchtet. Schon früh hat er sich politisch engagiert. Spielte es dabei eine Rolle, dass er ein Münchner Gewächs ist? „Selbstverständlich“, sagt Ude. „Das war nur in München möglich und nur, weil mein Vater Lokalredakteur war und mich mitgenommen hat zum Recherchieren.“ Kam die Hinwendung zur SPD auch aus dem Elternhaus? „Mein Elternhaus war unpolitisch, bürgerlich. **Geprägt hat mich vor allem die Arbeit für die Schülerzeitung.“** Als Mieteranwalt hat er sich einen glänzenden Ruf in München erworben. „Das war das größte soziale Thema in der Stadt. Spekulanten haben den Altbaubesitz in vielen Stadtteilen in Beschlag genommen. Es war klar, dass ich mich dagegen wehre.“ Überparteiliche Vernunft sei ihm zu eigen, heißt es. Bietet München dafür ein gutes Klima? „Ja, bei nicht politisch festgelegten Menschen. Wir haben in München ein vielstimmiges Meinungskonzert. Man wird zwar ordentlich in die Pfanne gehauen, aber es gibt auch differenzierte Positionen.“ Eine Vision für seine Stadt? „Ich wünsche mir, dass München seine Originalität und Weltoffenheit behält, wohlgemerkt beides. Eine bedeutsame Vision war für mich der Bau der Synagoge am Jakobsplatz. Dafür habe ich ein Jahrzehnt gekämpft.“

Münchens Macher sind sich einig: Man muss die Metropole einfach lieben

Leader-TAFEL

Text: Asta Scheib, Fotos: Herlinde Koelbl

Georg KOFLER 49, Medienmanager, *Premiere*-Vorstandschef Der ungewöhnliche Erfolgsweg Georg Koflers führte ihn aus Südtirol über Wien 1986 nach München. „Ich lebe gern in München, Wien ist für mich eine fremde Welt geblieben. München dagegen hat mich geprägt, hier war ich bald zu Hause. Die Stadt hat für mich eine phantastische Anziehungskraft, ist alpenländisch. Außerdem – die bayerische Bodenständigkeit gefällt mir, da stimmt die Chemie, da fühle ich mich wohl." Hat er einen Ort in München, den er immer wieder aufsucht? Die Antwort kommt spontan: „Vor dem Hofbräuhaus, am Platzl, da bin ich gern, das hat so einen typischen Stadtcharakter mit schönen Häuserfassaden." Seine Vision von München: „Schön wäre eine niedrige Gewerbesteuer und ein hohes Hochhaus, um über die ganze Stadt zu blicken. Ich hätte gern ein wenig mehr Skyline, bitte. Dort würde ich unser neues Büro in Unterföhring etablieren, damit wir von *Premiere* in München angemessen residieren können."

Helmut DIETL 61, Regisseur, Autor, Produzent

Er hat großartige Filme gemacht. Die liebevollen Miniaturen „Münchner G'schichten" am Beginn seiner beeindruckenden Karriere oder zuletzt den poetischen Film „Vom Suchen und Finden der Liebe". Helmut Dietl hat wesentlich zum München-Bild der Deutschen beigetragen. Sein Talent, aus vorher wenig beachteten Schauspielern wie Veronica Ferres oder Helmut Fischer Star-Qualität herauszuarbeiten, will er nicht überbewertet wissen: **„Man kann nur herausholen, was drin ist. Man muss eben genau hinschauen."** Liebt er München? „Leidenschaftlich, wobei sich solche Leidenschaften im Laufe der Zeit verändern. Dadurch, dass man sich selber verändert." Und Hollywood, war das nie ein Traum? „Nur vorübergehend. Ende '78 bin ich nach Los Angeles gegangen, das schien mir für einen Filmemacher ein Muss. Mehr als vier Jahre habe ich dort gewohnt, und ich habe dann festgestellt, dass ich als Autorenfilmer für diese Art von Filmindustrie der Falsche bin." Und für München? „Ich bin in der letzten Zeit viel in Berlin, weil ich dort meinen nächsten Film machen will, aber wenn ich 14 Tage dort bin, bin ich um so lieber wieder hier. München ist das Beverly Hills von Deutschland, im Guten wie im Schlechten. Für einen Filmemacher wird sehr viel getan, die Künstler werden hier geliebt und geehrt, ich kann mich jedenfalls nicht beklagen."

Sônia und Willy BOGNER, sie 55, Modedesignerin, Unternehmerin und er, 64, Skiläufer, Unternehmer, Filmregisseur und Produzent

Geboren wurde sie in Brasilien, doch schon lange ist München für sie Heimat geworden. „I kim hoam", sagt sie, wenn sie nach einer Reise wieder in München landet. Als sie das berichtet, lacht sie ihr mitreißendes Lachen. Ihr Mann Willy Bogner hat das elterliche Unternehmen zu einem internationalen Life-Style-Konzern ausgebaut. War München als Standort wichtig? „Unbedingt. München, die Olympiastadt, hat mich immer inspiriert und beeinflusst." Sônia Bogner arbeitet intensiv in der Firma Bogner mit, wo sie Chefdesignerin ist und seit 1992 ihr eigenes Label hat. Laufen ihr in München ihre modischen Kreationen über den Weg? „O ja. Das freut mich natürlich. Von 1972 bis jetzt hat sich eine tolle Wandlung vollzogen. **Vorher fand ich München allzu lodenlastig. Inzwischen wissen die Münchner genau, was angesagt ist."** Willy Bogner hat sich neben dem Skisport und der Mode dem Film zugewendet. Denn: „Ich habe durch die Profis, die hier ansässig sind, sehr viel lernen können. Für mich war es eine Aufgabe, in ‚Feuer und Eis' die Schönheit, Ästhetik und Dramatik des Sports zu zeigen." Bei alledem finden beide immer wieder Zeit, München in vollen Zügen zu genießen: „Wir haben die attraktivsten Museen hier, allein in den herrlichen Pinakotheken ist immer wieder Neues zu entdecken", findet Sônia Bogner, und Willy Bogner ergänzt, dass er es liebe, „in München herumzulaufen, die alten Trampelpfade zu verlassen. Dabei genieße ich es durchaus, mich einmal zu verlaufen und dabei Unbekanntes zu entdecken."

Bruno REICHART 63, Direktor der Herzchirurgischen Klinik am Klinikum Großhadern

Die Stationen seines Lebens sind beeindruckend: Memphis/Tennessee, Stanford, Kapstadt, Boston. Er bekam internationale Preise, auch den Bayerischen Verdienstorden. Schließlich hat er seine Karriere in München begonnen, wo er studierte und promovierte. Denn: „Ich fand, dass München eine tolle Stadt ist, was die Medizin betrifft. Wahrscheinlich die Nummer eins in Deutschland." Er hätte jederzeit in den USA arbeiten können. „Um ein Haar wäre ich auch dort gelandet. **Doch dann war es mein Wunsch, zurückzukommen.** München ist ein magischer Ort. Da sind nahe Berge und Seen, da sind Oper und Theater, das formt und hilft einem, ein Mensch zu sein." Bruno Reichart hatte berühmte Lehrer. Heute ist er selber berühmt. Spürt er das in München? „Wenn ich über den Marienplatz gehe, spricht mich oft jemand an. Eine Patientin, der es gut geht nach der Operation. Oder ein Student sagt, dass meine Vorlesungen innovativ sind." Wie ging es ihm als Nachfolger des weltberühmten Professors Christiaan Barnard in Kapstadt? „In Südafrika war Diktatur, schwer, damit umzugehen. In den fünf Jahren meiner Tätigkeit ist die Apartheit abgeschafft worden. Atemberaubende Zeiten waren das". Hat er Visionen für seine Stadt? „Mehr Toleranz – und in die Kliniken investieren, in die Forschung."

Nina und Maximilian HUGENDUBEL 35 und 38, Mitglieder der Geschäftsführung der Buchhandlungskette

Als kleines Mädchen hat Nina Hugendubel auf die Frage nach ihrem Berufswunsch geantwortet, dass sie „Chefin" werden wolle. Der kindliche Wunsch klingt prophetisch, denn Nina Hugendubel arbeitet heute im Führungsgremium der elterlichen Buchhandelskette mit. Nach Studien im In- und Ausland sowie einer abgeschlossenen Buchhändlerlehre war sie sechs Jahre im Verlagswesen erfolgreich. Stationen waren Time Warner in New York und Holtzbrinck in München, New York und Stuttgart. „Mir hat dieses Leben sehr gut gefallen, doch ich bin auch gerne nach München zurückgekommen." Ihr Bruder, Maximilian Hugendubel, ist ebenfalls einer von fünf Geschäftsführern. Der promovierte Jurist trat 2002 in das väterliche Unternehmen ein. **„Unser Vater hatte es mir und meiner Schwester angeboten,** er hinterließ uns ein fundiertes Unternehmen mit 1100 Mitarbeitern, das in der fünften Generation in Familienbesitz ist." Die Geschwister betonen beide, dass es ihnen wichtig sei, „wie fest unsere Firma mit dem Standort München verbunden ist. Mitten in der Innenstadt, am Salvatorplatz, liegt unser Stammhaus. Und wenn wir Zeit haben, genießen wir das hervorragende Kulturangebot in unserer Stadt, den Englischen Garten und die Berge."

Helmut MARKWORT 69, Medienmanager, Chefredakteur des *Focus*

Neulich ist er zum erstenmal vom Burda-Verlag zu Fuß heimgegangen in den Herzogpark. Und zwar flott. Er wäre noch viel schneller gewesen, sagt er, wenn nicht unterwegs zwei Leute darauf bestanden hätten, ihn in ihrem Auto mitzunehmen. Er hat sie abgewimmelt. Er läuft gern durch München, „aber ich brauche ein Ziel. Daher suche ich Spuren von literarischen Größen wie Frank Wedekind, Erich Mühsam oder Thomas Mann." Hat er einen Lieblingsplatz in München? „Nein, ich bleibe nirgends hocken." Hier ist man vielleicht dem Grund seiner steilen Karriere auf der Spur. Helmut Markwort sagt es gelassen: „Seit 40 Jahren bin ich Chefredakteur. Ich habe Radio *Gong* gegründet, bin Gründungsgeschäftsführer bei *Antenne Bayern*. Als wir 1993 *Focus* herausbrachten, meinten viele, dieses Blatt müsse unbedingt in Berlin erscheinen, doch ich fand das schon deshalb nicht notwendig, weil ich in München bleiben wollte. **Hier fühle ich mich wohl, hier bin ich vernetzt.** Von den Münchner Bühnen ist das Residenztheater für mich unverzichtbar. Hier sehe ich noch Theater, wie ich es mir wünsche. Wenn Regisseure Klassiker verhunzen, finde ich das furchtbar. Da gehe ich lieber in einen der Biergärten oder zum Viktualienmarkt. In dieser Stadt gibt es so viel zu entdecken, für mich ist das ein kreatives Milieu."

Helmut PANKE 60, Industriemanager, Vorstandsvorsitzender der BMW AG

„Der Junge erlaubte mir, mich neben ihn zu setzen. Ich war glücklich. Stolz erzählte ich zu Hause, dass ich einen Freund gefunden hatte.“ Helmut Panke war neun Jahre alt, als die Familie aus dem brandenburgischen Storkow umzog nach München. Einen Tag nach dem Umzug wurde der Helmut eingeschult. Seitdem ist München seine Heimat, Storkow Erinnerung.

Helmut Panke, offen, gewinnend, lässt keinen Moment spüren, dass seine Zeit knapp ist. **Er ist ein Kosmopolit, das ist für seine Arbeit selbstverständlich, doch das Zentrum seiner Welt ist München, und das Zentrum Münchens ist für ihn BMW.** Diese beiden Pole verankern sein Weltbild. Und dass er für „Kontinuität in der Art und in der Sache steht“, trägt nun schon seit Jahren zum ungewöhnlichen Erfolg des BMW-Konzerns bei. Im März dieses Jahres konnte der BMW-Chef auf der Bilanzpressekonferenz des Konzerns einen neuen Rekordgewinn für das laufende Geschäftsjahr ankündigen.Helmut Panke erwähnt das mit keinem Ton. Er redet von München. Doch auch hier in vollkommener Deutlichkeit von BMW. „München, so meine ich, ist geprägt von BMW. BMW ist mit der Stadt München gewachsen, beide haben sich verändert. Erinnern Sie sich - unser BMW-Hochhaus hat damals angeblich nicht in die Baulandschaft gepasst. Bei der Planung des Olympiageländes sprach man gar von der Idee eines spinnerten Architekten. Doch wir waren in der guten Gesellschaft von Leuten, die nicht wie unter einer Glasglocke etwas künstlich bewahren wollten, sondern sich weiterentwickeln. Das war damals ziemlich mutig, das macht unserer Stadt so schnell keiner nach.“

Die Anziehungskraft Münchens ist so stark, dass Helmut Panke, der ab 1976 am Schweizerischen Institut für Nuklearforschung arbeitete „so rasch als möglich mit meiner Familie wieder nach München zurückging. 1993 sind wir alle nach New York umgezogen. Wir haben dort gelebt, meine Aufgabe war der Aufbau des Werkes BMW of North America. Die neuen Eindrücke waren natürlich überwältigend. Ich hatte eine große Aufgabe. Meine Wurzeln in München habe ich nie abreißen lassen. Ich habe versucht, mindestens einmal im Monat wieder nach München zurückzufliegen. Es zog mich immer nach München.“ Nennt er sich einen Münchner? „Nein. Das gehört den Menschen, die hier geboren sind. Manchmal bin ich versucht, bayerisch zu sprechen. Davon rät mir meine Frau, eine gebürtige Münchnerin, immer ab.“ □

Herlinde Koelbl hat viele berühmte und auch völlig unbekannte Menschen fotografiert. „Geduld“ ist für sie die wichtigste Tugend, um hinter die Maske eines Menschen zu blicken. **Asta Scheib** ist Schriftstellerin, Journalistin und Drehbuchautorin. Ihre Spezialität sind einfühlsame, literarische Biographien.

Die Szene lobt sich selbst: Laudatorinnen und Men in Black

DIE MEDIEN

Sie leben wie gedruckt

Fernsehen, Zeitungen und vor allem bunte Magazine: In München spiegeln die Medien das Stadtleben und manchmal findet es auch in ihnen statt Text: Katrin Wilkens

Sie wollen München kennen lernen? Legen Sie den Baedeker beiseite und lesen die *Bunte*. Ja, die, die Sie sonst höchstens beim Zahnarzt durchblättern. **Die *Bunte* ist kein Schund, sondern die perfekt inszenierte Metamorphose** einer Stadt in ein Magazin. Die *Bunte* liefert ein Spiegelbild der in die Jahre gekommenen Kir-Royal-Gesellschaft, München hat dazu die perfekte Leserschicht.

Gegen Kurzzeitdepressionen, so steht es zum Beispiel in dem Blatt, helfen ultimativ „limettengrüne Stühle“ von Hülsta. Nur die. Keine anderen. Auch Federschmuck am Ohr ist derzeit ein „in“-Faktor. Und so wichtige Leute wie Elle MacPherson und Sienna Miller tragen Totenkopfmuster auf ihren Kleidern. Nicht zu verwechseln mit dem Piraten-Look des letzten Sommers.

Keinem anderen Medium gelingt es spielerischer, auf 125 Seiten ein City-Image derart konturgenau abzubilden. Und das Tollste an den Münchnern ist: die halten sich alle an diese Bummelanten-Bibel. Gehen Sie mal die Maximilianstraße auf und ab. Dort trägt Frau von Welt (zumindest aber Uschi Glas, Jutta Speidel oder Barbara Herzsprung) die *Bunte* unterm Arm und die Feder am Ohr, wenn sie zu Hülsta geht und sich nach den frech-grünen Frühlingsstühlen für 515 Euro erkundigt.

„Eitelkeit wird in München humorvoller und zugleich ernsthafter betrieben. Das ist der ideale Nährboden für ein Konzept wie das der „Bunten“, sagt deren Chefredakteurin Patricia Riekel, die diesen Städtevorteil auch gleich noch für *Instyle* (ein Magazin für Promimoden-Nachmacherinnen) und *amica*, (das Jung-hipp-frech-Heft) nutzt. „Nehmen Sie doch als Beispiel den Mooshammer. Den hat keiner ernst genommen. Aber jeder hat ihn geliebt.“

Münchner Medien. Das hört sich erst mal nach Drittgeborenen an. Ist die Medienmetropole Deutschlands nicht Hamburg, mit dem *Spiegel*, der *Zeit* und *Bild*, ist Berlin mit seinen über 10 000 Hauptstadtjournalisten nicht zehnmal wichtiger, irgendwie ernstzunehmender, souveräner? Wer denkt schon an München, wenn er von Medienmacht spricht?

Aber: Wer hat bundesweit mit am meisten Tageszeitungen, nämlich gleich fünf? München. Die *Süddeutsche Zeitung*, der *Münchner Merkur*, die *tz*, die *az* und die *Bild-Regionalausgabe*. Wer hat über 280 Verlage und mehr Fernsehsender als Köln, Hamburg und Berlin? Eben! Bayerischer Rundfunk, BR-Alpha, ZDF-Landesstudio, Pro Sieben, Kabel 1, Premiere, Deutsches Sportfernsehen DSF, tv.münchen, Eurosport, Discovery Channel, das Vierte, Tele 5. Siehste! Natürlich sind unter denen auch Kanäle wie RTL 2, Fox Kids oder Neun Live. Aber die Münchner Film- und TV-Produktionen machten fast ein Viertel des in Deutschland erwirtschafteten Produktionsumsatzes aus.

„Das besondere an den Münchner Medien ist, dass sie sehr spitz konzipiert wurden“, sagt „Eltern“-Herausgeber Norbert Hinze. **Und erklärt: Hamburg habe viele Allrounder-Medien, die irgendwie fast jeden ansprechen, den *Spiegel* für die Politik, die *Zeit* fürs Feuilleton, *Brigitte* als Frauenzeitschrift.** Die Medien aber, die in München produziert werden, hätten eine engere, schärfer umrissene Zielgruppe. Der typische *Focus*-Leser sei viel leichter zu beschreiben als der typische

www.aignermunich.com
AIGNER
Shop München
Theatinerstr. 45 • Tel. 089/2907510

Wir über uns: bei den Medientagen kommunizieren alle, von Burda bis Stoiber

Spiegel-Abonnent. Hinzes Chefredakteurin Marie-Luise Lewicki sitzt daneben, rührt ihren Kräutertee kalt und erläutert: „Doris Schröder-Köpf hat einst über drei Ecken bei uns anfragen lassen, ob sie nicht eine Kolumne für *Eltern* schreiben könne", sagt sie. *Eltern* ist Europas größte Erziehungszeitschrift, eine Kolumne der Ex-Bundeskanzlergattin würde Autorin und Blatt adeln. Denkt der Zeitschriftenlaie. „Wir haben abgelehnt", sagt Lewicki ruhig, „Wir sind nun mal nicht die *Bunte*, Promis verwässern unser Konzept."

Die meisten der gut 385 000 *Eltern*-Leser sind eben nicht hippe Großstadt-Neurotiker, sondern biedere Landfamilien, und die suchen keinen In-Faktor.

München hat viele Medien, die eine Millionen-Auflage haben – und das paradoxerweise häufig unter Halbausschluss der Journalisten-Öffentlichkeit. Das *ADAC-Magazin* hat eine Auflage von fast 14 Millionen, die *Bild* würde sich für sowas die Finger blutig lecken. Aber mal ehrlich: Haben Sie schon mal jemanden sagen gehört: „Du, hast du das neulich im *ADAC-Magazin* gelesen?"

Die Computer-Presse ist in München ebenso ansässig, wie die wichtigsten Medien der Modeszene: *Madame, Elle, Vogue* und all die cosmopolitischen Frauenpostillen.

Themenkonferenz bei *Cosmopolitan*, der „Sex-and-the-City"-Postille: Unattraktives Hochhausgebäude, 7. Stock. Schwarz-weiße Männertorsi hängen in Postkartengröße an den Archivschränken, die Redakteurinnen tragen pinke Rollkragenpulli, grüne Kunstlederröcke oder Fellimitatschuhe. Gern a bisserl extravagant. „Edith, auf meinem Schreibtisch liegt das Layout mit lauter nackten Männern", sagt Petra Gessulat, die Chefredakteurin. Edith stiefelt los, nackte Männer holen. „Wichtig ist, dass eine Geschichte einen Newswert hat und man gleichzeitig etwas daraus für sein Leben lernen kann", ermahnt derweil Gessulat die Redakteursrunde. Und wenn man sich die Titelbilder der letzten Cosmopolitan anschaut, dann ist der redaktionsinterne Learning-Aspekt: Dekolleté, nackte Arme, Beine, lange Haare, Lächeln. Alle Titelbilder, die rot, pink, lila, flieder oder türkis auf dem Titel haben, verkaufen sich gut, braun oder schwarz werden Ladenhüter. So einfach ist Blattmachen!

„Unglaublich, hier in München machen die Leute gern mal zwei Stunden Mittagspause und werden doch ohne zu nörgeln mit ihrer Arbeit fertig", sagt Gessulat, die vorher auch schon in Hamburg und Berlin als Journalistin arbeitete. „Der größte Unterschied zwischen München und anderen Medienstädten ist für mich: München macht zufrieden."

„Die Münchner Lebensart und Lustigkeit findet man in fast allen Magazinen wieder", sagt Michael Graeter, Vorbild des Journalisten in der 80er-Jahre-Serie „Kir Royal", „die Münchner sprechen sich nicht selbst hoch, wie die Hamburger. Sie leben." Sprach's und orderte einen doppelten Espresso. Und wenn schon, dann gleich im „Königshof", himmelblaue Pagen, Goldrandtassen.

Und dann gibt es noch eine Münchner Eigenart, auf die uns Paul Sahner, erfolgreichster Society-Reporter der Republik (natürlich bei *Bunte*), aufmerksam machte: In München gibt es eine Pärchengemeinschaft, die jedes Eheanbahnungsinstitut erblassen ließe: Münchens erster (Burda-) Journalist, Helmut Markwort ist mit *Bunte-Instyle-Amica*-Riekel liiert. Und beider oberster Chef, der Verleger Dr. Hubert Burda, ist mit Dr. Maria Furtwängler verheiratet, ihres Zeichens TV-Kommissarin, Ärztin und Große-Roben-Trägerin.

Premiere-Chef Georg Kofler lebt mit Neun-Live-Chefin Christiane zu Salm zusammen, und *Eltern*-Herausgeber Hinze mit der Chefredakteurin Lewicki. Herr Stefan Gessulat ist Chef von „*Matador*" (Bauer Verlagsgruppe), Frau Gessulat von „*Cosmopolitan*" (Marquard Medien), die beiden leben getrennt, aber Frau Gessulat ist jetzt mit Wolfram Winter, dem ehemaligen Partner von Sabrina Staubitz liiert, die mit dem jetzigen Chefredakteur der *Zeit* (früher *Süddeutsche Zeitung*, dann *Tagesspiegel*, jetzt, huch, *Zeit*, Hamburg) Giovanni di Lorenzo abgelichtet wurde. „Der Zeitgeist ist in München lässiger als anderswo", sagt Sahner, „es ist die Lebensart, die die Menschen verbindet." Und wer sich auf dieses leichte Spiel der Münchner Medien einlässt, kann aus ihnen viel lernen: Lebensfreude, Sinnlichkeit, Pracht ohne Prassen. Wichtig ist nur, dabei nie den Learning-Aspekt der News zu vergessen. □

Katrin Wilkens, *35, ist Medienjournalistin in Hamburg. An München liebt sie den Dialekt und das SZ-Magazin.*

BOSCH
17:18
Stop
Start
BOSCH
Viel Genuss
braucht nicht
viel Platz.
Die Gourmet-Kompaktgeräte von Bosch bieten höchsten Komfort auf kleinstem Raum. Dank ihrer kompakten Bauweise sind die Geräte mit nur 45 cm Höhe übereinander einbaubar. Zum Beispiel Gourmet Einbau-Kaffeevollautomat und Gourmet Kompaktbackofen mit integrierter Mikrowelle und Wärmeschublade. So können Sie sonntags morgens die Brötchen warm halten, während der Kaffee frisch gebrüht wird. Technik fürs Leben eben. Mehr über Europas Nr. 1 unter www.bosch-hausgeraete.de
BOSCH
Technik fürs Leben

Vorübergehend bändigt München das eisige Wildwasser. Bei den mächtigen Wehren braucht niemand kalte Füße zu bekommen

Foto: Enno Kapitza

WAS WÄRE MÜNCHEN OHNE DIE ISAR, DIE KAUM GEZÄHMT DIE STADT DURCHSTRÖMT! WOHER ISARIA, DIE REISSENDE, KOMMT UND WOHIN SIE GEHT, ERZÄHLT SIE IN IHRER LEBENSGESCHICHTE

TEXT: STEFAN SCHOMANN

ISARS BETT GESCHICHTEN

Isarflösse gelangten einst über die Donau bis zum Schwarzen Meer. Heute flößen noch drei Familienunternehmen Ausflügler

Foto: Papu Pramod Mondhe

Wenn die Reitschule im Englischen Garten auf Lehrritt geht, kommt so Altertümliches wie eine Furtenquerung dran

EIN EISZEITBOTE AUS DEM FERNEN KARWENDEL

Ich stamme aus den Tiefen des Karwendel. Jahrzehnte ruhe ich in seinem Inneren, bevor ich kalt und rein ans Licht trete. Rasch schwelle ich an. Wende mich brausend nach Norden, zuweilen begleitet von meinem Weggefährten, dem Föhn. Ich wälze mich breit durchs Alpenvorland und verteile ruhelos meine steinerne Fracht. Am Rand der Schotterebene erwartet mich München. Die Stadt wäre ohne mich nicht existent, geschweige denn lebenswert. Nach knapp 300 Kilometern ist meine Mission erfüllt. Östlich von Deggendorf überantworte ich mein Wasser einer Stärkeren, der Donau. Entlang dieses Laufes werde ich geliebt und geschändet, ersehnt und gefürchtet. Ich bin die Schönheit und die Bestie. Im Wandel der Zeiten blieb mein Wesen doch unwandelbar: Isaria, die Reißende – ein Sturzbach vom Kaliber eines Stroms. Wobei die keltische Herkunft meines Namens ebenso umstritten ist wie meine Quelle. Eine Handvoll

Wer aus dem Deutschen Museum schaut, sieht die Isar kanalisiert, als könnte sie kein Wässerchen trüben

DIE WILDE ISAR LÄSST DIE NACKTEN UN

Die Welle steht, ihr Reiter surft auf der Stelle. In Thalkirchen bietet die Isar Brandung mit Meeres-Feeling

Foto: Gerald Hänel

Sonnenfreunde in der Stadt: Am Flaucher fällt oft auch die letzte Hülle

DIE SURFER MILDE ÜBER SICH ERGEHEN

Kandidaten gibt es dafür. Die Frage wäre wohl noch immer unentschieden, hätte Bauer Josef Draxl aus Scharnitz das ewige Hin und Her nicht satt gehabt. Ihm gehört Wald im Hinterautal, auch in jenem feuchten Grund, der seit alters her „beim Ursprung" heißt oder „bei die Flüss". Zusammen mit der Gemeinde hat er die Stelle als meinen offiziellen Ursprung ausgewiesen und einen Wasserlehrpfad eingerichtet. Draxl hat eine Stimme wie ein Jagdhorn, Brauen wie ein Uhu und einen Charakter, so fest und knorrig wie eine alte Zirbe. Und er hat eine Vision: jedes Kind, das entlang der Isar aufwächst, soll einmal im Leben meine Quelle besuchen.

Viele Bayern wissen gar nicht, dass ich Tirolerin bin. Dass ich nicht in lieblichem Seenland entspringe, sondern in der erhabenen Einöde des Karwendel. Machtvoll durchbreche ich sie, und bald schon plätschere ich durch einen üppig grünen Talgrund, in dem Trollblumen und Pestwurz wuchern, Salamander kreuchen

Im warmen Frühlingsregen ist die Isar ganz bei sich. Kühl zieht sie Richtung Norden

Picknick und Tratsch: Wo der Nebenarm sich als Kulisse durch den Garten schieben muss

und Auerhähne schlagen. Früher durchstreifte auch Großwild den Bergwald: der letzte Bär wurde 1898 zur Strecke gebracht. Sein berühmtester Vorfahr riss vor fast 1300 Jahren dem Bischof Korbinian von Freising ein Pferd, als dieser auf dem Weg nach Rom war. Zur Strafe musste der Bär dann das Gepäck tragen.

Kristallklar rausche ich durch meine Schlucht. Meine Quelltemperatur liegt jahrein, jahraus bei rund fünf Grad. Als echtes Kind der Eiszeit zähle ich zu den kältesten Flüssen Europas. Mächtige Gletscher bereiteten mein Bett und verteilten ihr Vermächtnis fächerförmig übers Land: Schotter, Schotter, Schotter. Bis heute sortiere ich unermüdlich das Geröll in meinem Lauf.

Gerade erst zum Wildfluss herangereift, mache ich in Mittenwald mit den Zwängen der Zivilisation Bekanntschaft. Eben noch frei hin und her schwingend, presst man mich dort in eine steinerne Rinne, damit ich keine Dummheiten mache und das Städt-

EIN WILDBACH FÜR DIE STADTMENSCHEN
Entlang des Flusses reihen sich Museen, Zoo und Park. Baden und Sonnen kann man fast überall, im Süden (links) erscheint die Isar in wilden und renaturierten Bögen. Zwischen Reichenbach- und Kennedybrücke gibt sie sich städtisch korrekt, aber schon im Englischen Garten legt sie wieder los.

Schwung und Platsch: Wo die Isar sich im Englischen Garten als Eisbach verläuft

ES GARTENS WIRKT DER FLUSS WIE PARKMÖBLIERUNG

chen schleunigst wieder verlasse. Noch viele Male rücken mir Befestigungen, Begradigungen und Stauwehre zu Leibe. So gewinnen die Kommunen Land, aber sie verlieren den Fluss. Wie sollen wir je ein entspanntes Verhältnis finden? Nie sind die Menschen zu nah, immer das Wasser zu hoch.

Nach Mittenwald lässt man mir wieder etwas Auslauf, nur um mich in Krün schonungslos abzuriegeln und anzuzapfen, bevor man mich wieder mir selbst überlässt, um mich dann am Sylvensteinsee erneut einzupferchen. Für die Fische gerate ich so zu einem Fluss ohne Wiederkehr. Allein der Fischereiverein Mittenwald setzt jährlich Forellen und Äschen für 20000 Euro aus. Doch keine davon kehrt je zum Laichen zurück. Die Wehre bilden eine unüberwindliche Barriere.

Die Angler flussabwärts freilich profitieren davon. Der Isarwinkel zwischen Krün und Lenggries hat sich in den letzten Jahren zu einem Geheimtreff für Fliegenfischer entwickelt. Da ich hier den Wildflüssen der nördlichen Rockies ähnle, wird die Gegend auch „Bayerisch Columbia" genannt. Nicht umsonst hat Andi Pfirstinger, der junge Leiter einer Fliegenfischerschule, sein Handwerk in Montana gelernt: „Wir brauchen Rückraum, um unsere Ruten auszuwerfen – breite Kiesbänke sind ideal dafür." Sorgsam lesen diese Angler meinen Lauf, kalkulieren die Drift, studieren das Verhalten der Fische und ihrer Beute.

Bis 1990 jedoch standen unterhalb von Krün überhaupt keine Angler. Weil sich hier an 300 Tagen im Jahr nur ein ödes Trockenbett erstreckte, ein Wadi aus bleichen Kieseln. Beim Stauwehr in Krün wird mein Wasser zum Walchenseekraftwerk abgeleitet. In den zwanziger Jahren gebaut, ist es bis heute das Herz der bayerischen Energiewirtschaft. Vor 16 Jahren erst hat das Umweltbündnis „Rettet die Isar jetzt" durchgesetzt, dass wenigstens eine kleine Restmenge in meinem angestammten Bett verbleibt.

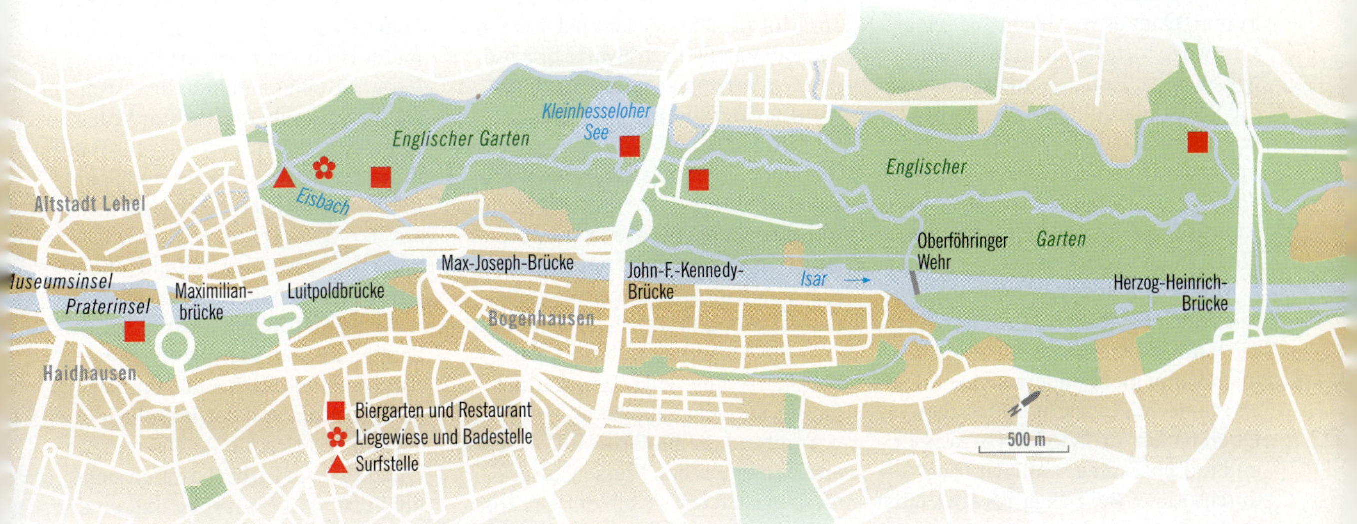

WO ALLE TRÄUMER ABENTEUER

Ein Sommertag auf den Kiesbänken mag nicht enden, Nacht und Morgen warten auf Schwärmer

AM UFER ERLEBEN KÖNNEN

Und so fange ich wieder von vorn an. An guten Tagen jedoch, wenn erheblich mehr Wasser fließt, als diese Vampire abzapfen können, schwelle ich zu alter Größe an: vielarmig, glitzernd, flaschengrün. Aber die Freiheit ist von kurzer Dauer. Bald staut man mich zu einer Art Fjord, über den eine elegant geschwungene Brücke führt: S wie Sylvenstein. 1959 eröffnet, soll die Talsperre das Niedrigwasser erhöhen, vor Hochwasser schützen und nebenbei noch Energie gewinnen.

Betriebsleiter Peter Hohenreiter fing hier vor 40 Jahren als Elektriker an. Er ist ein gewissenhafter Techniker, doch über den See spricht er noch immer mit der Begeisterung eines Jungen, der mit bloßen Händen ein Bächlein staut. Deshalb hat ihn auch die Kritik am Hochwasser-Management zu Pfingsten 1999 und im August 2005 gekränkt. Damals wurden in Tölz einige Uferwege fortgespült, in München gab es nasse Keller. Manche suchten die Schuld dafür beim Wasserwirtschaftsamt. „Unser Vorgehen war optimal", hält Hohenreiter dagegen, „ohne den See hätte es in Tölz die Brücken fortgeschwemmt und in München wäre die U-Bahn vollgelaufen."

Mit diesen Hochwassern habe ich mich auch bei jenen in Erinnerung, die mich nur als Freizeitgewässer sehen, mich kaum mehr anders kennen denn als schmächtiges, seichtes Flüsschen. Doch früher strotzte ich vor Wasser und rauschte mit gewaltigem Zug durchs Land. Bei Lenggries etwa misst mein Bett heute gerade 60 Meter. Vor 90 Jahren noch war es fünfmal so breit. Und es war von Mittenwald aus schiffbar, wenngleich nur mit Flößen. Doch Holz war ohnehin das wichtigste Gut, und so wurde die Ladung einfach ihr eigenes Schiff. Ein unverwüstliches Gefährt, dreimal so schnell wie ein Fuhrwerk. Jahrhundertelang transportierten die Flöße Tiroler Salz und Welschen Wein, Lenggrieser Kalk, Tölzer Bier und Wolfratshauser Tuffstein. Sie lieferten Holz fürs Dach der Münchner Frauenkirche und für den Wiener Stephansdom. Im Rekordjahr 1864 landeten 11 000 Flöße in München an. Fünf Isarflöße ergaben dann ein Donaufloß. Sie fuhren regelmäßig bis Wien, vereinzelt sogar bis ins Schwarze Meer.

Michael Angermeier stammt aus einer Flößer-Dynastie; seine Söhne verkörpern die sechste Generation. Ihr Motto: „Auf der Isar hat das Wasser Balken." Der Großvater brachte es als „Christopherus von Arzbach" zu örtlicher Berühmtheit. Auf seiner kleinen Fähre beförderte er „alles, was hin und her hat müssen", Menschen, Schafe, Schweinderl. Aber er fuhr auch unzählige Male bis München oder Wien. In Flößertracht mit rindsledernen Schaftstiefeln, langem Lodenmantel, Stopselhut und der wasserdichten, mit Pfauenfedern bestickten Geldkatze um die Hüften. Zurück ging es mit dem Fahrrad.

Während die Flößerei auf fast allen anderen deutschen Flüssen ausgestorben ist, feiert sie auf der Isar fröhliche Urständ. Fast täglich steuern die Angermeiers im Sommer ein Floß von Wolfratshausen bis München, beladen mit bis zu 60 Passagieren, mit Leberkäs, Blaskapelle und sorgsam fixierten Fässern. „Unten fließt die Isar, oben das Bier." Wobei die Saufgelage weniger, die Pläsier- und sogar Gourmet-Fahrten mehr werden. Die Leute finden Geschmack daran, mich wie anno dazumal zu befahren. Freilich wurden die gefährlichen Stellen entschärft, und wegen des chronischen Wassermangels fahren die Flöße die meiste Zeit auf dem Isarkanal. Und doch hat sich Angermeier einen Heidenrespekt vor mir bewahrt. „Der Isar gebietet kein Amt. Es hat nie der Mensch bestimmt, immer der Fluss."

Vor Schäftlarn passieren die Flöße einen der landschaftlich schönsten, aber auch sittlich verrufensten Abschnitte: die Pupplinger Au. Hier fächere ich mich über zwei Kilometer Breite zu einer Art Binnendelta auf, einer amphibischen Welt mit zahllosen Inseln und dichter Vegetation. Ein beliebtes Revier für Wildbiologen, Sonnenanbeter und Spanner. Wenn auch das Nacktbaden etwas aus der Mode gekommen ist, die Aura des Verstohlenen und Unkeuschen blieb erhalten.

Auch auf München wirke ich enthemmend. Vom Flaucher bis zum Aumeister bilde ich einen durchgängigen Freiraum. Auf der Praterinsel versammelt sich die Tangoszene zum Open-Air, am Eisbach treffen sich die Surfer zur Mutprobe und an der

wittelsbacherbrücke soll nun auch für Kajakfahrer eine „stehende Welle" angelegt werden.

Mit ihrem ehrgeizigen Isar-Plan versucht die Landeshauptstadt seit sechs Jahren, mich wieder attraktiver zu gestalten. Aus ödem Gerinne werden mäandrierende Schleifen, aus reizlosen Hochwasserwiesen artenreiche Biotope. Hochmoderne Kläranlagen, welche die Abwässer sogar mit UV-Licht bestrahlen, haben mir wieder Badequalität beschert, die höchstens nach starken Gewittern eingeschränkt wird. Fischtreppen sollen mich in beide Richtungen passierbar machen. In Maßen darf ich auch meiner Lieblingsbeschäftigung frönen, dem Baggern. Wo man mich lässt, suche ich neue Wege im alten Bett. So komme ich wieder in Fluss.

Kennen Sie die Erft, die Unstrut oder ähnliche Flussleichen? Ich, Isaria, bin dagegen einzig in Europa, rausche als halbwilder Fluss durch eine Weltstadt. Die vor einigen Jahren eine Investorenansiedlung besonderer Art melden konnte: Biber mitten in München! Aus freien Stücken bauten sie sich am Deutschen Museum eine Burg. Fehlen nur noch die Auerochsen, deren Nachzüchtungen unten im Tierpark grasen. In der Feuchtsavanne des Englischen Gartens, dem Inbegriff Münchner Lebensart, würden sie sich wohlfühlen.

Mit meiner Rehabilitierung geht eine zaghafte Renaissance der Stadtbäche einher. Das dichte Netz, das einst Mühlen, Sägen, Schmieden trieb und lange zur Wasserver- und -entsorgung diente, wurde im 20. Jahrhundert größtenteils trockengelegt oder abgedeckt. Nur in vielen Straßennamen plätschern diese Bäche weiter. Oder sie quellen, bei Hochwasser, aus den Gullis hervor und bringen die Häuser an ihren vergessenen Ufern ins Wanken. Einige Teilstücke wenigstens wurden in letzter Zeit wieder freigelegt.

Ein München ohne Isar wäre unvorstellbar. Etwas flussabwärts, in Föhring, unterhielt einst das mächtige Bistum Freising eine Brücke. Eine Handelsstraße brachte erklecklichen Wegzoll. Heinrich der Löwe aber, von Hause aus ein rabiater Welfe, wollte, so die landläufige Erklärung, kein Mautgeld bezahlen und ließ die Brücke 1158 niederbrennen. Woraufhin er auf eigenem Gebiet eine neue anlegte und nun seinerseits Tribut kassierte. So entstand München, und so verging Freising. Einst Hauptstadt eines Isar-Imperiums, das von Scharnitz bis nach Landshut reichte, sank es zum behäbigen Landstädtchen herab. Erst durch eine neuerliche Infrastrukturmaßnahme, den Bau des Münchner Flughafens, hat es sich von Heinrichs Schlag erholt. Nun siedeln sich in dieser Hochburg des katholischen Establishments IT-Industrie und Feng-Shui-Businesshotels an.

In Freising wende ich mich nach Nordosten und verliere immer mehr an Fahrt. Tiroler Kühnheit weicht niederbayerischem Phlegma. Vom Domberg aus bietet sich den Freisingern ein triumphaler Blick zurück über die Isarauen, über München und die Schotterebene hinweg bis zu den Alpen. Einst war Freising all dies untertan. Bis dorthin, wo mein Ursprung liegt, in den Tiefen des Karwendel, „bei die Flüss". An der Korbinianbrücke wacht der Bistumspatron über die Geschicke der Stadt. An seiner Seite der Bär, der sein Bündel trägt – Symbol einer gelungenen Zähmung. Daran soll ich, Isaria, mir wohl ein Beispiel nehmen. Ich bin und bleibe ihnen einfach nicht geheuer. □

Stefan Schomann, *1962 in München geboren, wurde wenn nicht mit Isar- so doch mit Loisach-Wasser getauft.*

MERIAN | TIPP

Isarradweg
Der rund 300 Kilometer lange Isarradweg führt von der Quelle bis zur Mündung. Nur selten berührt er Straßen, führt meist durch Naturschutzgebiete. Infos über die einzelnen Abschnitte gibt es unter **www.isarradweg.de.** Ansprechpartner für Unterkünfte, Fahrradverleih etc. sind die dort genannten Fremdenverkehrsämter. Es wird auch ein 6-Tages-Paket für die gesamte Strecke angeboten, ab 349 Euro.

Floßfahrten
auf der Isar werden traditionell für Gruppen veranstaltet, etwa für Firmen und Vereine. Doch bei rechtzeitiger Anmeldung finden auch Individualreisende eine Mitfahrgelegenheit. Preis inkl. Verpflegung ab etwa 70 Euro pro Person. Die Angermeiers in Arzbach sind eine von drei hauptberuflichen Flößerfamilien:
Tel. 08042-1220
www.isarflossfahrten.de

OHNE DIE BRÜCKEN UND AUEN GÄBE ES KEINE STADT

Ein gemachtes Bett in der City: Der kanalisierte Fluß an der Maximiliankirche

Genießen in Maßen

Bier vom Fass und das Essen von daheim – das ist Lebensfreude pur. Der Rest der Republik schaut voll Neid auf die Münchner Biergarten-Kultur, Bayerns Antwort auf italienische Lebensart

Gemütlich, gesellig, gastfreundlich – nirgendwo spiegelt sich die bayerische Selbstdefinition besser als in den Biergärten der Stadt, den schattigen Oasen der Bierseligkeit. Ob am Chinesischen Turm, im Augustiner oder im Max Emanuel, die Kultur des Biergartens – wo die Studentin neben dem Klempner sitzt, und am Nachbartisch der Konzernchef – ist so lebendig wie eh und je und das Prinzip denkbar einfach: Bierbänke und -tische unter dem Dach alter Kastanien, dazu ein Ausschank, an dem pausenlos frischer Gerstensaft in mächtige Maßkrüge gezapft wird – mehr braucht der Münchner nicht für sein gold-gelbes Sommerglück.

Sobald der Föhn den Frühling über die Alpen bläst, werden die Biergärten zu den zweiten Wohnzimmern der Städter. Morgens ab 10 Uhr kommen die ersten Gäste, zur Mittagszeit werden die Plätze rar, bis um 10 Uhr abends, wenn die letzte Maß über den Tresen geht. Obwohl die einheitliche Sperrstunde an der Isar längst gefallen ist, die Biergärten schließen pünktlich um 23 Uhr. 1995 hatten Anwohner der Waldwirtschaft in Großhesselohe wegen Lärmbelästigung geklagt und Recht bekommen: Um 21 Uhr ist Zapfenstreich und um 21.30 Uhr Kehraus, so das Urteil des Bayerischen Verwaltungsgerichts, das einen Volksaufstand provozierte. Die Münchner gingen auf die Barrikaden. Rasch wurde ein „Verein zur Erhaltung der Biergartentradition e.V." gegründet, 25 000 Menschen demonstrierten, Ho-Ho-Hoch die Maß, auf dem Marienplatz gegen die neue Verordnung, mit weiß-blauen Transparenten und Slogans wie „Ja spinnts Ihr denn?". Die wohl unpolitischste Revolution aller Zeiten war siegreich: Eilig hob die Landesregierung den Richterspruch auf – nachdem sie sich selber noch rasch an die Spitze der Bewegung gestellt hatte.

Tatsächlich aber ist der Biergarten eine friedvolle Idylle: Anders als im Hofbräuhaus oder auf dem Oktoberfest landet hier das Kleingeld niemals im Ausschnitt der Tischnachbarin, sondern in der Kasse, für eine neue Maß. Raufereien gibt es genauso wenig wie fliegende Bierkrüge, nur der Zigarettenrauch schwebt friedlich in Richtung Baumkronen. Kinder spielen zwischen den Tischen, während ihre Eltern sich auf Bänke pressen, die nur so breit sind wie ein Bierkrug hoch.

27 Zentimeter misst eine Maß, genau ein Liter passt in die gläsernen Krüge. Und im Schnitt trinkt jeder Bayer mehr als 170 davon im Jahr, das sind 50 Liter mehr als im Rest Deutschlands.

Es geht im Biergarten aber auch um Essen: Hendl, Steckerlfisch oder Obazda mit Breze – das ist typisch. Noch typischer ist es, die eigene Brotzeit mitzubringen. Das ist Brauch, seit im 19. Jahrhundert in München die Biergärten entstanden. Damals konnte das frisch gebraute Bier nur in Bierkellern an den Hängen der Isar gekühlt werden. Da erlaubte König Ludwig I. den direkten Verkauf des Biers in und vor den Kellern, nicht aber das Servieren von Speisen. Die brachte man mit. Immer wieder gibt es Gerüchte, der Verzehr der mitgebrachten Brotzeit werde verboten – aber das wird nicht passieren. Die Brotzeit im Biergarten ist Tradition, von der sich die Münchner nur ungern trennen. Sonst droht die Brotzeitrevolution. ☐

Jan Kirsten Biener, *27, hat in München studiert und Vorlesungen geschwänzt, um die Biergärten zu genießen.*

>> Empfehlenswerte Biergärten finden Sie auf der nächsten Seite

405
GRÜSSE AUS DEM TRAUMLAND
PRÄSENTIERT VON DEN ITALIENISCHEN KÜSTEN
"BESTES DREHBUCH ALLER ZEITEN"
- MOVIE MIRROR -
EIN FILM VON MUTTER NATUR
MAKE UP: SONNENBRÄUNE UND CO.
TON: WIND UND WELLEN
HAUPTDARSTELLER: SIE/DU SELBST
ERLEBE AUCH DU DEN SCHÖNSTEN FILM DEINES LEBENS!
DEN DREHORT LIEFERT ITALIEN – DU BRAUCHST NUR MEHR DAS DREHBUCH ZU SCHREIBEN
ITALIEN – DIE REALITÄT ÜBERTRIFFT JEDE PHANTASIE.
ITALIA
Opera Unica
STAATLICHES
ITALIENISCHES
FREMDENVERKEHRSAMT
WWW.ENIT.IT

MERIAN TIPP Empfehlenswerte Biergärten in München

(C 10) **Aumeister**
In den Isarauen etwas flussabwärts vom Stadtzentrum. Mitten im Grünen, und trotzdem mit dem Fahrrad durch den Englischen Garten schnell zu erreichen.
Sondermeierstr. 1
2500 Plätze
www.aumeister.de

(E 4) **Chinesischer Turm**
In der Mitte des Englischen Gartens rund um den Chinesischen Turm. An den Wochenenden sehr voll, während der Woche vor allem beliebt bei Studenten der nahen Universität.
Englischer Garten 3
7000 Plätze
www.chinaturm.de

(D 5) **Hofbräuhaus Biergarten**
Ein schöner, kleiner Biergarten im Innenhof des Hofbräuhauses, umrahmt von historischen Torbögen. Nicht ganz billig und vor allem beliebt bei Touristen.
Am Platzl 9, 400 Plätze
www.hofbraeuhaus.de

(D 7) **Paulaner am Nockherberg**
Im Osten der Stadt, auf einer Anhöhe über der Isar. Bekannt wegen der Bierhallen des Wirtshauses, in denen im März der Starkbieranstich gefeiert wird.
Hochstraße 77
3000 Sitzplätze
www.nockherberg.com

(B 5) **Augustiner Biergarten**
Eine Oase im sonst hässlichen Bahnhofsviertel: Wenn die letzten Sonnenstrahlen durch die Kastanienbäume leuchten, ist man in München angekommen. Zum Wohlsein.
Arnulfstr. 52, 5000 Plätze,
www.augustinerkeller.de

(F 3) **Seehaus im Englischen Garten**
Der etwas mondänere Biergarten, beliebt bei der Schwabinger Schickeria. Vor den Bierbänken ein See und Blick auf die beliebteste Fußballwiese Münchens am anderen Ufer.
Kleinhesselohe 3, 2500 Plätze, www.kuffler.de

(D 4) **Max Emanuel Biergarten**
Klein, gemütlich mit nur wenigen Tischen unter alten Kastanienbäumen. In einem Schwabinger Hinterhof zwischen Nordend- und Adalbertstraße. Manchmal Blasmusik.
Adalbertstr. 33, 750 Plätze
www.maxemanuelbrauerei.de

(B 10) **Hirschgarten**
Etwas außerhalb des Zentrums, unweit des Nymphenburger Schlosses: Der „königliche" Hirschgarten beherbergt den größten Biergarten.
Hirschgarten 1, 8000 Plätze
www.hirschgarten.de

(C 5) **Biergarten Parkcafé**
Eigentlich das Gegenteil eines typisch-bayerischen Biergartens: Im alten Botanischen Garten mit moderner Einrichtung und überwiegend jungem Publikum. In der Nähe des Stachus.
Sofienstr. 7, 2000 Plätze
www.parkcafe.de

(B 10) **Fasanerie**
Ein grünes Paradies mitten im Park am Waldsaum mit ansehnlichem Wirtshaus. Einer der schönsten Münchens.
Hartmannshofer Str. 20
1700 Plätze
www.neue-fasanerie.de

(C/D 11) **Franziskanergarten**
Ein Klassiker im Münchner Osten. Holztische unter Kastaniendach. So soll's sein. Am Brotzeitstandl gibt's den „Klosterseufzer", eine scharfe Wurst, ideal zum Bier, wie man sie fast nirgends mehr bekommt.
Friedenspromenade 45
2300 Plätze
www.franziskanergarten.de

(B 11) **Gasthof Hinterbrühl**
Vorbildlicher Biergarten des Ex-1860-Chefs Wildmoser. Erinnert an altbayrische Zeiten. Und man kann den Floßfahrern zuschauen.
Hinterbrühl 2, 1200 Plätze
www.gasth-hinterbruehl.de

(B 4) **Löwenbräukeller**
Tram und U-Bahn halten direkt vor der Tür (Stiglmairplatz), was dem Zweck der Übung dient. Preiswert, traditionsreich (seit 1883) und sehr münchnerisches Publikum. Lange geöffnet: letzte Maß um 23.30 Uhr. 1919 verlief hier die Front zwischen roten Revoluzzern und weißem Freikorps.
Nymphenburger Str. 2
1000 Plätze
www.loewenbraeukeller.com

(B 10) **Laimer's**
Gemütlich und so gut versteckt, dass ihn eigentlich nur Anwohner kennen. Alte Bäume und gutes Essen. Im Wirtshaus befindet sich das Rex, eines der letzten Nachbarschaftskinos Münchens. Eine Bürgerinitiative setzte sich gegen den Abriß ein.
Agricolastr. 16, 600 Plätze
www.laimers.com

(B 11) **Gutshof Menterschwaige**
Idyllisch unter alten Kastanien direkt am Isar-Hochufer. Hier schmeckte schon König Ludwig I. seine Maß, wenn er seine Lola Montez besucht hatte. Nicht billig, aber unbedingt besuchenswert! Schönster Biergarten Münchens.
Menterschwaigstr. 4
2000 Plätze
www.menterschwaige.de

Plantage
Traumhafter Waldbiergarten, am Forsthaus von 1874. Sonn- und Feiertags gibt es bis 16 Uhr Live-Musik.
Plantage 2, 85354 Freising
1200 Plätze
www.plantage-freising.de

Bräustüberl Weihenstephan
Seit fast 1000 Jahren ist die älteste Brauerei der Welt in Betrieb. Unter den Gästen Professoren und Studenten der nahen Bierfakultät der TU. Von der S-Bahn ist es noch ein 30-minütiger steiler Fußweg. Für echte Bayern und Bierliebhaber ein Muss! Hier wurde auch der Obazde erfunden.
Weihenstephaner Berg 10, Freising
500 Plätze, www.braeustueberl-weihenstephan.de

Wo die Resi mit dem Radi... In vielen Biergärten werden heute auch Speisen serviert. Doch meist ist das Mitbringen erlaubt

>> Über 100 Biergarten-Adressen auf www.Biergarten.com

Sommerfrische.
PAULANER
MÜNCHEN
PAULANER
PAULANER
Weißbier
Seit 1634
PAULANER
Hefe-Weißbier
NATURTRÜB
GUT, BESSER, PAULANER.
www.paulaner.de

Das Kolosseum von Fröttmaning

Wie ein Luftkissen liegt Deutschlands schönste Arena auf der Wiese, dem Platz des Anstoßes zur WM 2006. Hier spielen die Bayern und die Sechziger

Text: Michael Schophaus, Fotos: Gerald Hänel

Bei Rot kickt Bayern München, bei Blau ist 1860 München am Ball, und wenn die Arena weiß leuchtet, spielt die Nationalmannschaft

Für 66 000 Zuschauer kicken 22 Fußballer und dabei spielen sich hinter den Kulissen gigantische Organisationsgefechte im Kampf gegen den Hunger ab

Am Herd virtuos wie auf dem Rasen

Wenn nicht gespielt wird, raffen gut 50 Elektromotoren die Unterdecke des Daches zusammen. Denn auch ein Stadionrasen braucht Sonne

Tolle Zugnummer auf dem Dach

Ein Blick in die Arena: Der Sicherheitszentrale entgeht nichts

Ein Blick in die Zukunft: Fröttmaning wird nie wieder sein, wie es war

Ein Blick ins Unaussprechliche: Hier entkleiden sich im Ernstfall Profis

Viele Kissen für die Schlacht

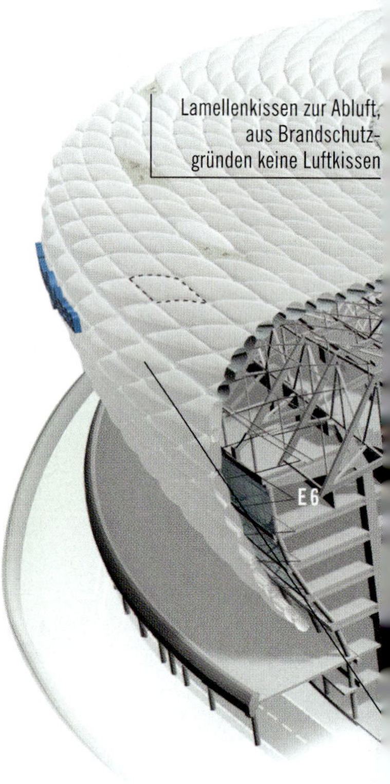

Die größte Luftmatratze der Welt
2874 rautenförmige, aufgepumpte Kissen aus Kunststofffolie formen 29 Ringe, die Dach und Fassade der Arena bilden. Die Konstruktion verlangt lauter verschiedene Formate: Nur zwei Kissen sind jeweils gleich groß. Damit der Rasen im Stadion ausreichend Licht erhält, sind die südlichen Dachkissen durchsichtig, während die restliche Fassade nur weißes Licht hindurchlässt

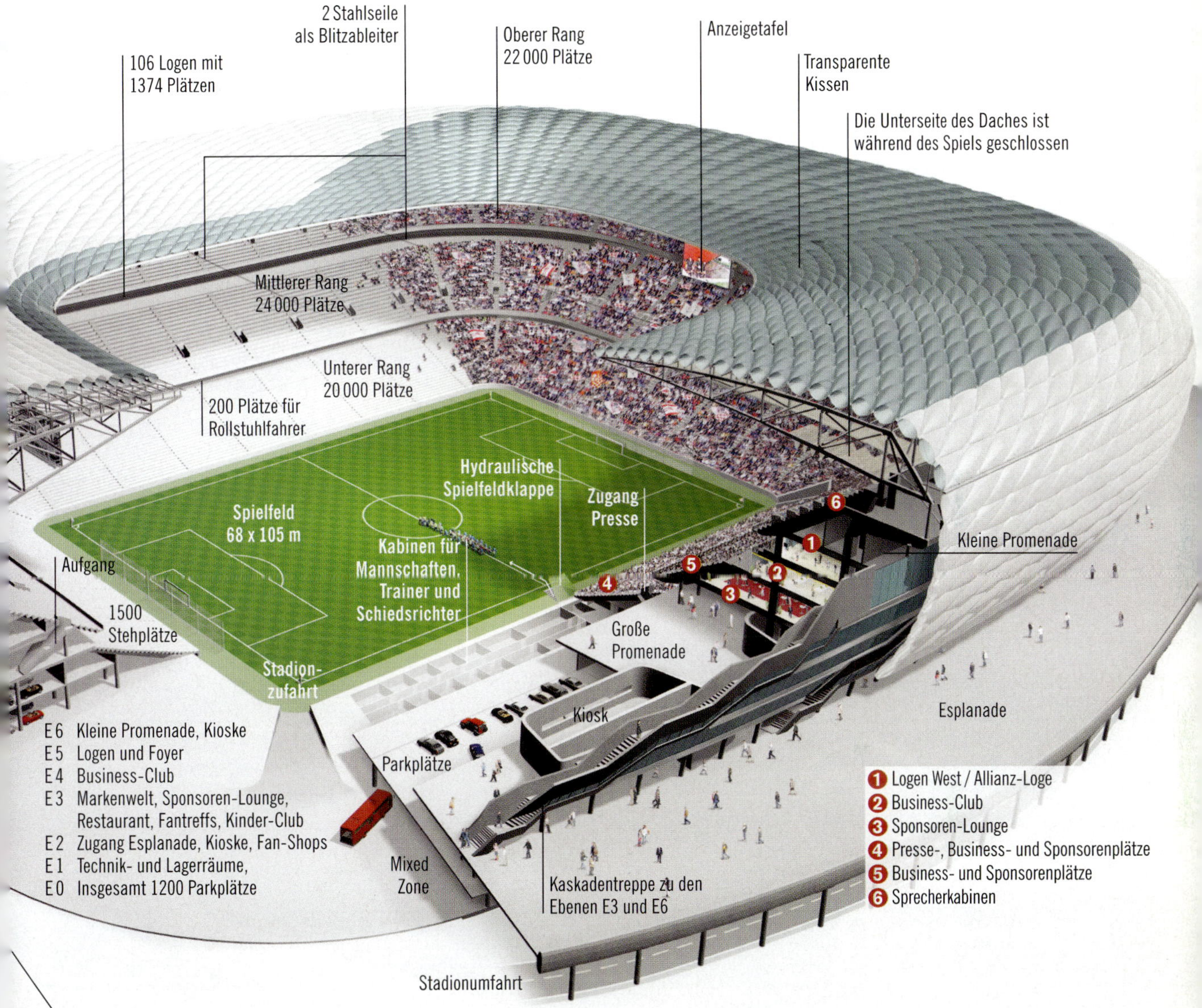

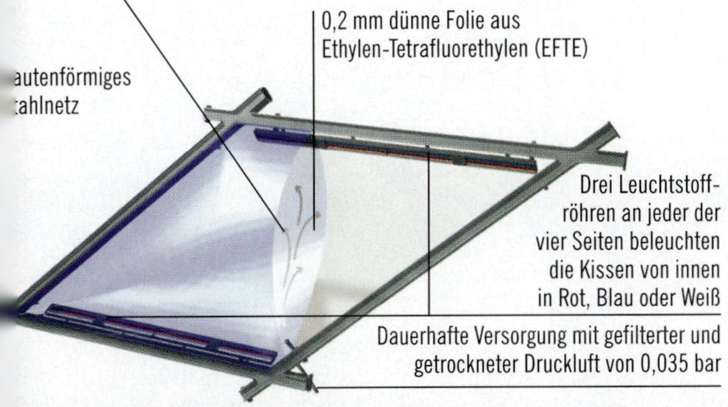

Blau-Weiß-Rot
25 344 Leuchtstoffröhren geben den Luftkissen der gesamten Seitenfassade das gewünschte Licht. Beide Besitzer-Vereine können so ihre optische Marke setzen

Durch enge Gatter schieben sich Fans ins Allerheiligste. In Münchens neuem Kickertempel geht Sicherheit über alles

Vor dem Anstoß der Ansturm

Ein Ufo scheint im altbairischen Revier gelandet. Die alte Fröttmaninger Kirche Heilig Kreuz hat als Wallfahrtsstätte Konkurrenz bekommen

Wo die Membran leise vibriert

Hier guckt bald die Welt rein, sagt Andreas. Also dürfen wir auch mal, aber nicht zu lange. Wir stehen auf den steilen Rängen, 70 Meter weg vom Rasen, und schauen in den Stolz des deutschen Fußballs, wie Andreas schwärmt. Ein paar Milliarden werden das da sehen, haucht er ergeben, zeigt auf das Spielfeld und flüstert uns zu: Wenn die dort unten kämpfen, kannst du sie bis oben keuchen hören. Nichts entgeht dir, kein Schimpfwort von Olli Kahn und jeder falsche Ton bei einer Nationalhymne sowieso. Ein Wahnsinn, diese Akustik! Du glotzt beeindruckt in den tiefen, grünen Schlund und stellst dir vor, wie die Zuschauer in dieser brodelnden Enge vielleicht bis auf den letzten Platz vernehmen werden, wenn einem fahrigen Kicker im WM-Eröffnungsspiel Deutschland gegen Costa Rica ein lautes Darmgeräusch entfährt.

Na ja, sagt Andreas, so weit geht es nun doch nicht, dabei lacht er und zieht sich seine Kappe in die Stirn. Er führt uns für acht Euro durch das schönste Stadion, das es gibt. Daran glaubt er ganz fest, sonst würde er woanders arbeiten. Dann steht er da und erzählt dir aufgeregt, dass Uli Hoeneß in Schrobenhausen, wo sonst nur guter Spargel wächst, drei Stunden lang in Stollenschuhen über den angepflanzten Rasen lief, bevor der mit 20 Fernlastzügen in die Allianz-Arena verlegt werden durfte. Oder seht ihr die beiden Videotafeln unter dem Dach? Sie sind 100 Quadratmeter groß, haben eine aktive Matrixanzeigenfläche, versteht sich, einen LED-Pixelaufbau und wurden mittig mit sieben Grad Neigung und hoch-auflösender Verkabelung über den Toren installiert. Das ist doch was, oder?, fragt er zufrieden, während du dich sehnsüchtig daran erinnerst, wie du vor ein paar Tagen St.-Pauli-Bruno zugejubelt hast. Das ist der, der am Hamburger Millerntor eine gelochte Sperrholzplatte mit einer 1 drauf über eine Schraube hängt, wenn das erste Tor fällt.

Aber das kannst du gleich vergessen, wenn du hierher kommst. Diese schiefe Romantik, dieser eifrige Glaube, Fußball habe noch was mit elf Freunden zu tun, weil der Ball rund ist und so. Fußball ist mittlerweile ein knallhartes Geschäft und nirgendwo wird dir das in den Zeiten der Weltmeisterschaft deutlicher als in dem 340 Millionen teuren Stadion am Stadtrand von München. In diesem riesigen Raumschiff, das so wirkt, als wäre es mit seinen weichen Kissen direkt und fertig aus dem Himmel auf die Fröttmaninger Wiese geplumpst.

Es zieht dich an, je näher du herangehst, du willst rein, und wenn du drin bist, zieht es dich weiter unweigerlich in seinen kalten Bann, weil es vor Technik nur so protzt und trotzdem noch nach Schweiß und Bratwurst riecht. Du staunst dich durch die vielen Sehenswürdigkeiten und wunderst dich, was alles drum herum passiert, damit ein paar hoch bezahlte Männer gegen einen Ball treten können. 22 000 Tonnen Stahl, 350 schräg stehende Stützen, 100 Kilometer Kabel, 232 Scheinwerfer, 132 000 Bohrlöcher für die Sitze, 54 Kassen, ein frei tragendes, 5300 Tonnen schweres Dach in 50 Meter Höhe, und selbst die zwölf beleuchtbaren Buchstaben der Allianz-Arena sind so gewaltig, dass sie um die 60 Zentner wiegen.

Aber es gibt auch Bier, Currywurst und Leberkäse in der Semmel, sogar an Tagen, an denen keine Spiele stattfinden, und trotzdem Hunderte von Besuchern hineinströmen, um sich die neue Kultstätte anzuschauen. Außerdem kriegt man eine „FC-Bayern-München-Fruchtgummi-Meister-Mischung“ in Form von Schalen und Pokalen für 3,95 Euro, und einige streifen sich sogar das neueste T-Shirt aus dem Fanshop über, auf dem „65 999 und ich“ prangt, während die Lakritze „Naschen wie die Champions“ und die Dose mit dem „Samen fürs Power-Green“ leider nicht so gut laufen.

Sie schlendern an Schildern vorbei, auf denen Welcome Zone Ost steht, und manche halten ehrfürchtig bunte Prospekte in der Hand, worauf sie lesen können, dass die 25 344 Leuchtstofflampen über eine Lebensdauer von 8 000 Stunden verfügen oder die Stromversorgung ein flächendeckendes W-LAN-Netz mit den Standards a/b/g besitzt. Aha, stöhnen die Väter und kommen sich bei den Fragen ihrer Kinder ziemlich blöd vor. Aber da sie einem Führer wie Andreas folgen, begreifen sie auch, dass so ein kühles Stadion eine Seele haben kann.

Fasst bloß mal diese Haut an, sagt Andreas, nachdem wir 106 Stufen bis in die Kuppel hinaufgestiegen sind, dort, wo man dem Gerippe vor zwei Jahren sein weiches Kleid übergestülpt hat. Könnt ihr fühlen, wie sich die Kissen bewegen? Wir legen unsere Hände darauf, die Haut schaukelt leicht im Wind und fast glaubst du, den Puls dieses steifen Betonklotzes zu spüren. Alles ist wie auf einer Wolke, ein sanfter, heller Himmel, der über kurzen Hosen schwebt. Jetzt müsste nur noch irgendwo ein Fußballgott hocken, mit einem Bart wie Paul Breitner und dem gütigen Lächeln seiner ewigen Allwissenheit. Doch stattdessen plustert sich ein Vogel vor uns auf und macht für kleine Spatzen. Andreas klatscht in die Hände, hau ab, du Vieh, als habe er Angst, dass mit einem Spatzenschnabelhieb ein Vermögen platzen könnte.

Keiner hat eine größere Membran, ruft er, nicht mal die Amis! Sie wird mit 350 Pascal aufgeblasen, das ist viel weniger als bei einem Autoreifen. Unglaublich, was? Wir schauen hinaus, der Blick bleibt verschwommen, ein Blinzeln gegen den Tag, aber hinter den Kissen können wir die vielen Lichtröhren entdecken, die der Hülle am Spieltag ihr farbiges Leben einhauchen. Rot für Bayern München. Blau für 1860 München. Weiß für die deutsche Nationalmannschaft. Ein glühendes Raumschiff, das jeden heiß auf Fußball machen soll, weil es so verlockend dasteht und sich einfach nur ereignet. Auf der Autobahn nebenan hat es schon einige Auffahrunfälle gegeben.

Kurz danach schlendern wir in den Bauch des Raumschiffes. Auf den Weg dorthin zeigt Andreas auf eine lange Reihe von Fenstern, deren blanke Gläser in der Sonne blitzen. Das sind unsere Logen, sagt er, sie kosten bis zu 240 000 Euro pro Jahr, na klar, irgendwie muss das Baugeld ja wieder reinkommen. Dafür können sie zu jeder Zeit benutzt werden, man kann darin wohnen, und, unter uns Klosterbrüdern, raunt Andreas, so mancher Chef hat darin mit seiner Tippse auch schon Überstunden gemacht. Selbst bei einem Spiel verpasst man nichts, weil auf dem Klo Fernseher stehen, und wenn der feine Fan mit einer Hand am warmen Büfett auf seinem Lederstuhl sitzt, hat er mit seiner 270-Grad-Sicht oft einen besseren Durchblick als die meisten Spieler auf dem Platz. Jeder, wie er es braucht, sagt Andreas und schließt eine schwere Stahltür auf, hinter der sich die Arbeitsräume der Presse befinden.

Da haben die alles, kriegen gutes Essen, freies Parken und zwischen den Zeilen oft ein Weißbier, und trotzdem schreiben sie immer so einen Mist, stöhnt Andreas und grinst. Er führt uns durch einen gelb gestrichenen Gang, heißt doch schließlich Yellow Press (ha, ha!), und bleibt vor acht überlebensgroßen Bildern von Bayern-Stars stehen. Die müssen sofort runter, sagt er, wenn die Löwen spielen, wie ein echter

Angebot im Fanshop: Trikots in Ruhe und im Einsatz

Samstag um halb vier: die Spielfeldklappe öffnet sich

Vip-Lounge – die erste Reihe ist für Ehrengäste bestimmt

Wo Fußballfreunde parken, leuchtet ihnen der Weg ins Stadion

Wo raue Kicker Löcher reißen, kommt der Rasendoktor

Wo Profis sich schinden, können Familien rasten

Münchner seine Sechziger nennt. Beiden Vereinen gehört zu gleichen Teilen die Allianz-Arena, für ihre Spiele muss ständig umgerüstet werden. Zur Weltmeisterschaft wird es im Stadion 1000 Schreibtische und 600 Kommentatorenplätze geben, sie sollen sich bei uns wohlfühlen, sagt Andreas, damit sie sich gefälligst nur mit Fußball beschäftigen. Und nicht wieder mit diesem widerlichen Bauskandal, auf den ihn die Besucher regelmäßig ansprechen. Das mit dem Schmiergeld und dem Sohn des ehemaligen Löwen-Präsidenten Karl-Heinz Wildmoser, der wegen Untreue zu viereinhalb Jahren Gefängnis verurteilt wurde. Oder dass man das erste Spiel in diesem Stadion am 30. Mai 2005 gegen Nürnberg angeblich nur wegen Bestechung gewann. Paah, jetzt kommt die Welt, sagt Andreas, keiner will diese alten Geschichten mehr hören. Schon gar nicht er!

In der Umkleide sieht es aus wie in einem Museum, vor den gekachelten Räumen sind dicke Kordeln gespannt. Bis hierher und nicht weiter! Bloß keine Dusche betreten, in der später Oliver Kahn in Badeschlappen herumschlurfen wird.

Wir schleichen durch die heiligen Hallen, in denen plötzlich alle Shampooflaschen wichtig werden. Es stinkt nach Ruhm und alten Socken, über jedem Spind hängt ein Bild des jeweiligen Spielers. Weil sie nicht lesen können, ruft Andreas, doch keiner lacht. Er lupft das Seil, ein kleiner Junge aus unserer Gruppe darf dort sitzen, wo sich Michael Ballack gewöhnlich sein Höschen abstreift. Seine Mutter macht Fotos und sieht sehr glücklich aus. Einige Türen weiter ziehen sich die Gäste um, die Wände sind grau, es ist kalt wie im Eisschrank. Unsere Gegner sollen sich nicht wie zu Hause fühlen, sondern drei Punkte lassen, sagt Andreas. Auch das Entmüdungs-Becken wird selten gefüllt. Manchmal kommt Champagner rein, wenn Bayern Meister

www.BenQ-Siemens.de/ef81
EF81
Einzigartige
Leistung
auf kleinstem Raum.
UMTS-Technologie
trifft ultraflaches Design.
live streaming
Options
Stop
• Inspirierend: 2,0-Megapixel-Kamera und zwei große Displays (QVGA, QQVGA)
• Unwiderstehlich: gebürsteter Edelstahl, Magnesium, Mineralglas
• Intelligent: Hauptfunktionen auch im geschlossenen Modus verfügbar
• Leistungsstark: Video-Telefonie, Video-Streaming und Media-Player
Keep exploring.
BenQ·SIEMENS

Abmarsch: Bayern-Fans auf dem Weg zur U-Bahn

Alle Wege führen nach Fröttmaning
Zwischen Autobahnkreuz und U-Bahn ist die Allianz-Arena optimal zu erreichen. 350 Busse können hier parken und das Parkhaus schluckt 9800 Autos für jeweils 5 Euro. Fußgänger werden von der U6 zur so genannten Esplanade geleitet, wo sie sich staufrei auf verschlungene Wege verteilen

wird, meint Andreas, also eigentlich jedes Jahr. Er ist ein Roter, seit dem er denken kann.

Doch jetzt auf zur großen Klappe! Die kennt ja jeder bei den Bayern (hat einer gelacht?), aber in ihrem Stadion ist sie völlig neu. Eine Klappe wie im alten Rom, aus der man die Gladiatoren zum Kampf in die Arena stieß, und auch heute ist das nicht viel anders. Wenn draußen erwartungsvoll 66 000 Menschen brüllen und du stehst drinnen und sollst raus. Vor allem junge Spieler müssen schon mal sanft herausgeschoben werden, erst die Treppe runter, dann die Treppe rauf, bei diesem Blick ins Nichts, bevor sich vor ihnen zu den dumpfen Bässen von Enterprise ein ganz normaler Samstagnachmittag auftut. Das ist nichts für schwache Nerven, sagt Andreas, er hat das Dröhnen schon selbst erlebt, ich sage euch, da zittern die Wände, und was noch besser ist: Wenn die Jungs wirklich weiche Knie kriegen, können sie sehr angenehm die Bank drücken. Ihre Sitze werden beheizt.

Die Führung geht langsam zu Ende, doch eine Geschichte muss er noch loswerden. Unbedingt! Er drängt uns in die Mixed-Zone, wo sich die Reporter hinter Zäunen anstellen und sich nach einem Spiel um die Wortfetzen der Herren Spieler streiten. Früher war die Tür zum diesem Raum giftgrün, keine Ahnung, welcher Trottel darauf kam. Jedenfalls war sie so grün, dass Manager Hoeness rot anlief, als er in seinem Stadion die Vereinsfarbe des Erzfeindes Werder Bremen erblickte. Er fluchte, wie das nur echte Bayern können, dann nahm er einen Pinsel in die Hand und malte alles weiß. Er malte und malte und malte, bis ihm der Arm schmerzte. Da, sagt Andreas, ein bisschen Grün kann man noch sehen. Wir sehen nichts und nicken freundlich. So kann man sich das Trinkgeld sparen. □

Michael Schophaus *ist langjähriger Kenner des Münchner Fußballs und Autor des Buches „Ich mach das Ding rein und fertig".*

Die Marke, der Fifi, die Maß: alles nicht groß, aber schick

Die große Luderkrise

Nichts ist mehr, wie es war, aber so richtig toll war es eigentlich auch früher nicht: Die Münchner Schickeria stirbt aus und keiner vermisst sie

Text: Rupp Doinet

Helmut Dietl plant eine Neuauflage seines legendären „Kir Royal". Franz Xaver Kroetz soll wieder den Klatschreporter Baby Schimmerlos spielen – in Berlin, nicht in München. Kurzfristig kam Waterloo-Stimmung auf, bei Münchens Prominenz, der Großmutter aller Schickerias. Auch wenn sich die Meldung als Zeitungs-Ente herausstellte – irgendwie ist die Szene Kummer gewohnt. Vor gut anderthalb Jahren erst ist ihr der Herrenausstatter „Mosi" ermordet worden, der fast noch mithalten konnte mit „Poldi dem Schnorrerkönig", mit dem „Hemdenmogul", der „Diamantenwally", dem „Briefmarkenerben", dem „Jahrhundertplaymate" und den anderen tragenden Säulen der Münchner erstbesten Gesellschaft von früher. Aber halt auch nur fast. Da nützt es wenig, dass der „Herr Andreas", der bei der Stasi und später bei Mosi Chauffeur war, nun Daisy, den Hund des Verblichenen, vor Kameras und Mikrofone reckt. Man ist zwar auf den Hund gekommen, gewiss, aber doch nicht so wortwörtlich.

Grüß Gott, Tristesse. Die Giulia S., die eigentlich Julia heißt, zog unlängst einfach so in einen grauen Wohnblock. Durch die Tür, wie jeder Untermieter, statt, wie früher mal, nächtens über eine Dachrinne zu klettern und nackt im Bett des aushäusigen Lebensabschnittsgeliebten zu harren. Darüber konnte man schließlich noch reden. Vor allem deshalb, weil Julia, der vergeudeten Nacktheit bald müde, mit ein paar wertvollen persönlichen Gegenständen des Geliebten wieder verschwand, woraufhin sie von der Polizei festgenommen wurde. Zwengs Diebstahlsverdacht.

Und erst die Fürstin G. aus R., die nach dem deutschen Namensrecht lediglich Prinzessin ist, aber dennoch einst zu den allergrößten Hoffnungen an Münchens Champagnerfront zählte. Sie hat zu Gott gefunden, trägt im Vatikan Schleier und im Schloss Hemden mit frommen Sprüchen drauf. Was waren das für Zeiten, als allein schon der Anblick der Frisur Ihrer Durchlaucht Seine Durchlaucht, den Gatten, ernsthaft darüber nachdenken ließ die Hochadelige kopfüber zu kippen, um mit ihr den Schlosshof zu fegen.

Dabei hat sich offiziell nicht viel geändert. Immer noch wird in München jede (Er)öffnung einer Thunfischkonserve, jede zweitklassige CD, mit einem „Event" gefeiert. Immer noch hat jede Zeitung ihren „Klatschreporter", aber der hat kaum noch etwas zu schreiben. Der seit Jahren immer gleiche Pulk von Haupt- und Nebendarstellern in Münchens Schickeria hat sein Verfallsdatum überschritten. Gefühlte 30, gezählte 60 Lebensjahre in etwa und sehr viel Botox, Silikon und Uschi G. als sexy Galionsfigur.

Nicht mal ein richtiges Luder hat die Stadt in den letzten Jahren hervorgebracht. Im „P1", wo früher der noch unbekannte DiCaprio mit ein paar Isarschönen Schiffbruch erlitt, sieht heute, wer Glück hat, den Torwart Kahn an seiner Freundin, die nicht mal mehr gepierct ist.

Es ist noch gar nicht so lange her, da simste eine alternde Fernsehansagerin vom Rollstuhl aus der dankbaren Münchner Boulevardpresse en gros und en detail den Werdegang ihrer Blasenentzündung. Mit einem Event anlässlich der Eröffnung eines Treppenlifts ist jederzeit zu rechnen. □

Rupp Doinet *ist Ur-Münchner und leitete lange das dortige* Stern-*Büro.*

Von schwebenden Küchen und charismatischen Autos

IM DIALOG: MERCEDES-CHEFDESIGNER PROF. PETER PFEIFFER UND KÜCHEN–VORDENKER GERD BULTHAUP. MIT DABEI: BULTHAUP-WEGBEGLEITER CLAUS A. FROH.

GERD BULTHAUP, BULTHAUP-KÜCHEN:
„Es sind die Liebhaber der zeitgenössischen Architektur, der Kunst und der reinen Form, die sich für unsere Küchen begeistern. Innovatives Design fragt die Menschen nicht, es antwortet ihnen."

PROF. PETER PFEIFFER, SENIOR VICE PRESIDENT DESIGN MERCEDES CAR GROUP:
„Mit so einer Haltung polarisiert man – und das schafft nur, was starke Emotionen weckt. Der CLS ist wohl das emotionalste Auto, das Mercedes je gebaut hat."

Ein Gespräch über Passion und Präz

Foto: Hubertus Hamm

ZWISCHENSTOPP:
Peter Pfeiffer und Gerd Bulthaup im Gespräch, auf dem Weg ins Münchner Bulthaup-Studio. Es geht um Design und Architektur, um Hightech und Handwerk. Blickfang: der neue CLS 63 AMG.

ion, Individualität und Innovation.

Es gab mal Zeiten", begrüßt Peter Pfeiffer seinen Gastgeber fröhlich, „da waren wir Wettbewerber um die Gunst unserer Kunden." Gerd Bulthaup nickt zustimmend und sagt dann lächelnd: „Und viel zu oft haben Sie dabei das Rennen gewonnen. Willkommen in unserem Showroom!" Neues Auto oder neue Küche? Noch in den Achtziger Jahren klagte Gourmetkritiker Wolfram Siebeck, dass viel Geld fürs Auto ausgegeben, aber bei der Küche gespart werde. Und heute? Zeit für eine Bestandsaufnahme. Aktueller Anlass: der Mercedes CLS 63 AMG, die jüngste große Versuchung für Auto-Enthusiasten (unter denen mittlerweile, dem populären Kochkolumnisten sei Dank, zahlreiche Küchenliebhaber zu finden sein dürften).

Ein Gespräch über den Reiz des Besonderen, über Ästhetik zwischen Hightech und Handwerkstradition, Perfektion und Sinnlichkeit, zwischen Küche und Karosserie. Ort des Gesprächs: der Münchner Showroom von Bulthaup. Ein äußerst passender Rahmen für die Begegnung, wurde er doch von den Schweizer Stararchitekten Herzog & de Meuron entworfen. Der breite Gehsteig vor der transparenten, lichten Fassade ist bereits abgesperrt für das Fototeam; erste neugierige Passanten erkundigen sich nach dem Wagen, der vor dem Küchenstudio in Szene gesetzt wird. Obwohl er schon über ein Jahr auf dem Markt ist, zieht der CLS alle Blicke auf sich, wo immer er auftaucht, besonders in der neuen AMG-Version. „Ein wirklich schöner Wagen", sagt Gerd Bulthaup voller Bewunderung, und Peter Pfeiffer gibt ihm gern Recht: „Der CLS ist wohl das expressivste Auto, das wir je gestaltet haben. Auch ohne Fotografen und Scheinwerfer erregt er immer wieder Aufmerksamkeit – die Leute wollen einfach wissen, wer fährt so einen Wagen." Marketingprofi Claus A. Froh, langjähriger kreativer Wegbegleiter der Marke Bulthaup, ist ebenfalls beeindruckt von dem eleganten, puren Statement des Coupés. „Mit dem Wagen haben Sie eindeutig Neuland betreten", sagt er anerkennend zu Peter Pfeiffer. Der stimmt sofort zu: Der CLS setze tatsächlich neue Maßstäbe. „Er ist ein sportliches Coupé mit den Vorzügen einer viertürigen Limousine. Das heißt, in diesem Fahrzeug sind zwei im Grunde gegensätzliche Konzepte vereint." Das sei ein Wagnis gewesen, gibt er zu, aber die Ideenfusion habe funktioniert und die Erwartungen weit übertroffen.

Schon jetzt gilt der CLS als neue Design-Ikone. Kann man so etwas eigentlich planen, mit anderen Worten: Kann man einen Klassiker entwerfen? Diese Frage begleitet den Küchenprofi wie den Autodesigner bei jeder Neuentwicklung. Peter Pfeiffer: „Wenn Sie sich die Essenz von automobiler Qualität erarbeitet haben, diese dann konsequent umsetzen und – nicht zuletzt – den Mut haben, sich mit etwas Besonderem vor die Tür und auf den Markt zu wagen, dann haben Sie eine Chance, tatsächlich einen Klassiker zu schaffen."

Was hinter dieser Formel steckt, ist aber auch extremes Engagement und schlichtweg Arbeit. Das weiß Küchenprofi Gerd Bulthaup aus eigener Erfahrung. „Allein in unserem bekanntesten

WAS VERBINDET KÜCHEN- UND CARDESIGN? Die Leidenschaft für gute Form und edle Verarbeitung. Und die Überzeugung, dass sich Hightech und Handwerk nicht widersprechen: Qualität macht Klassiker – in der Küche und auf der Straße.

Drei Genießer im Design-Dialog: Mercedes-Chefdesigner Peter Pfeiffer im angeregten Gespräch mit Küchen-Chef Gerd Bulthaup und Marketingprofi Claus A. Froh. Am Herd: der Münchner Starkoch Holger Stromberg.

„Es gibt den Wunsch nach dem Besonderen, dem Wertvollen, dem Qualitätvollen." **Gerd Bulthaup**

Fotos linke Seite: Benno Kraehahn, Foto rechte Seite: Hubertus Hamm

KÜCHE MIT AUSSICHT: schlichtweg genial – das b3-System in Edelstahl und Holz im Bulthaup-Showroom. Schöner Ausblick: der CLS 63 AMG.

MENSCHEN MIT EINER PASSION FÜR DAS BESONDERE HABEN EIN WORT GESTRICHEN: KOMPROMISS.

Produkt, der Küchenwerkbank, stecken zwei Jahre intensiver Entwicklung", erläutert er beim Rundgang durch den Showroom. „Dafür ist sie aber auch schon seit 20 Jahren ein Klassiker im Programm. Sie hat diese Qualität und diese zeitlose Ästhetik." Wie man unschwer sehen kann: Auch im Showroom harmoniert der Klassiker perfekt und ohne die Spur eines Generationenkonflikts mit dem jüngsten Wurf der Aicher Ideenwerkstatt, dem frei hängenden System b3. „Hier sind wir es, die Neuland beschritten haben", erklärt Gerd Bulthaup dem Autodesigner.

„Eine schwebende Küche, die sie von fünf Seiten betrachten und anfassen können, mit einem völlig neuen Aufhängungssystem."

Eine Entwicklung voll architektonischer Raffinesse und zugleich höchst praxisgerecht, wie Gerd Bulthaup seinen Gästen jetzt demonstrieren möchte. „Holger Stromberg, unser Koch für den heutigen Abend", stellt er vor. Der Münchner Starkoch ist dabei, in der offenen b3-Küche des Showrooms ein Menü für die Gesprächsteilnehmer zu bereiten: die farbsatte Opulenz der frischen Früchte, des Gemüses und der anderen Zutaten vor der minimalistischen Küchenarchitektur – eine Komposition, die Lust auf kommende Genüsse macht. Kochprofi Stromberg hat keinerlei Probleme im restaurantfernen Ambiente und im Nu den ersten Gang parat, was die Gäste freut und den Gastgeber nicht im geringsten überrascht.

Er weiß schließlich am besten, dass seine Küchen, wie der CLS, zwei scheinbar gegensätzliche Konzepte vereinen: schnörkellose Schönheit und eine Funktionalität, die selbst professionellen Ansprüchen gerecht wird, äußerste Haltbarkeit inbegriffen. Das habe viel mit Perfektion und, auf Neudeutsch, mit Engineering zu tun, erläutert Gerd Bulthaup, und nicht zuletzt auch mit klassischem Handwerk. Ein Stichwort, das die Runde gerne aufgreift. Auch Peter Pfeiffer, dessen Entwürfe mit Hightech-Leadership verbunden sind, gesteht eine gar nicht so heimliche Liebe zum traditionellen Handwerk: „Wir pflegen bei Mercedes die ‚Designo'-Ausstattungslinie mit großem Engagement und enormem Erfolg bei den Kunden. Stoffe, Leder, Hölzer, Metalle und sogar Stein werden auf Wunsch fürs Interieur aufwändig und in bester Manufakturtradition verarbeitet. So bekommt der Kunde ein exklusives Unikat und weiß, das ist mein persönlicher CLS."

„Der CLS ist wohl das emotionalste Auto, das wir je gestaltet haben." Prof. Peter Pfeiffer

Unterwegs mit 514 PS: der passionierte Sportwagenfahrer Gerd Bulthaup und Copilot Peter Pfeiffer auf dem Weg zum Firmensitz in Aich.

Dabei gehe es nicht nur um Individualisierung, sondern dahinter stehe auch der Wunsch nach dem Besonderen, dem Qualitätvollen, dem Wertvollen. „Wie bei unseren Küchen", stimmt Gerd Bulthaup zu. „Morgen zeige ich Ihnen unser Werk in Aich. Da können Sie erleben, wie wir modernste Technologie einsetzen und gleichzeitig wie eine exklusive Manufaktur arbeiten. Auch jeder unserer Kunden bekommt mit seiner Bulthaup-Küche ein absolut maßgeschneidertes Objekt."

Zunächst jedoch serviert Holger Stromberg wunderbar zartes Kalbsfilet, dem er mit Wattleseed, dem Samen der australischen Wildakazie, eine rauchig-nussige, sehr exotische Note gibt, und dazu eine Cuvée CLS vom Pfälzer Rotweinstar Werner Knipser – ein delikates Aromen-Crossover für die drei Genießer. Ob es im Autodesign eigentlich auch einen „international Style" gebe, möchte Gerd Bulthaup, inspiriert von den kreativen Kochkünsten Strombergs, vom Manager des weltweit operierenden Konzerns gern wissen. Der widmet sich genüss-

Foto linke Seite unten: Hubertus Hamm, Foto linke Seite oben: Benno Kraehahn

UNKONVENTIONELL ZU SEIN BEDEUTET NICHT, ÜBER DEN WOLKEN ZU SCHWEBEN. SONDERN ÜBER JEDEM MITTELMASS.

KÜCHENARCHITEKTUR: Die völlig neue, minimalistische und skulpturartige Optik des b3-Systems lässt Design- und Architekturliebhaber jubeln. Die wandhängende Konstruktion würde sogar einen CLS tragen ...

lich den Resten seines Filets und sagt dann: „Wie Herr Stromberg schauen wir uns auch in anderen Hemisphären um – wir analysieren Lebensstile und Gewohnheiten.“ Bereitwillig skizziert er die Arbeit seiner Teams in Italien, Japan und Kalifornien, die mit den dortigen „Advanced Design Centres“ eine Art Trend- und Lifestyle-Sensorik des Unternehmens bilden: „Ein Mercedes muss überall in der Welt dieses Gefühl des ‚Feeling at home‘ vermitteln. Wenn ich einsteige und mache die Tür hinter mir zu, muss ich mich zu Hause fühlen.“

Die Kundenresonanz beweist, dass die Formensprache des CLS, seine dynamische Linienführung und seine charismatische Persönlichkeit universell verstanden werden – der Wagen ist gleichermaßen in Europa und Amerika ein großer Erfolg. Wie die Bulthaup-Küchen. „Wir glauben daran, dass eine Küche nicht nur aus Objekten besteht, sondern Architektur ist. Sie wird gestaltet für pures sinnliches Erleben – damit ist sie einer der wichtigsten, emotionalsten Lebensräume überhaupt“, findet Gerd Bulthaup. „Wir leben diesen Anspruch und gehen unseren Weg. Damit sprechen wir vielleicht nur fünf Prozent eines Landes an. Aber diesen können wir etwas geben, was sie sonst nirgends finden.“ Auch wenn der Kreis der design- und qualitätsorientierten Menschen national begrenzt sei – international gesehen käme durchaus eine namhafte Anzahl von Connaisseuren zusammen, ergänzt Claus A. Froh. „Deshalb kann es den CLS geben, deshalb kann es Bulthaup-Küchen geben. Wir arbeiten ja alle für diesen Kreis von Menschen, der das Besondere erkennt und schätzt. Ob sie nun in New York oder im Engadin leben: Sie kennen nicht nur den Preis der Dinge, sondern auch ihren Wert. Sie eint ein Bekenntnis zu Ästhetik, Sinnlichkeit und Emotionalität.“ Und natürlich zum Genuss: Holger Stromberg serviert das Dessert – der Abschluss eines wunderbaren kulinarischen Abends. Und einer Annäherung zwischen zwei nur scheinbar gegensätzlichen Welten – die am nächsten Tag beim Werksbesuch in Aich fortgesetzt wird.

Wir arbeiten für Menschen mit einer Passion – ob sie nun in New York oder im Engadin leben.

Bei Bulthaup wie Mercedes-Benz hat Handarbeit noch großen Stellenwert: Die Design-Experten beim Werksbesuch in der Furniererei, einer wichtigen Station auf dem Weg zur fertigen Küche.

Gerd Bulthaup ist beeindruckt von der Fahrt im CLS 63 AMG und seiner einzigartigen Verbindung aus Design und Dynamik – der atemraubende Vortrieb des mit 514 PS und 630 Newtonmeter weltweit drehmomentstärksten serienmäßigen Achtzylinders ist auch für den leidenschaftlichen Sportwagenfahrer ein Erlebnis. Und Peter Pfeiffer – selbst großer Hobbykoch – erlebt in der Aicher Ideenküche, mit welchen Zutaten Klassiker wie das System b3 gemacht werden. Es ist ein Rezept, das er gut kennt: Innovation und Individualität, Hightech und handwerkliche Perfektion – und die Passion für das Besondere.

Küche oder Auto? Beides natürlich.

Fotos linke Seite: Benno Kraehahn, Foto rechte Seite: Hubertus Hamm

Prof. Peter Pfeiffer betreibt Markenpflege in ihrer anschaulichsten Form: Als Senior Vice President der DaimlerChrysler AG ist er verantwortlich für das Design der Mercedes Car Group. Dabei setzt er mit seinen Teams in Deutschland, Italien, Japan und Kalifornien immer wieder Trends im internationalen Autodesign. 2004 erhielt er den Titel des Professors h. c. der Universität für Kunst und Design in Budapest.

Gerd Bulthaup fährt Sportwagen und schätzt die Harmonie von Hightech und Handwerk, ob im Auto oder in der Küche – die für ihn immer in den Mittelpunkt gehört: als Lebensraum, in dem miteinander gegessen, getrunken und kommuniziert wird. „Communication“, Küchenwerkbank oder System b3 heißen die kreativen Meilensteine, die den Namen Bulthaup zum Inbegriff schnörkelloser Küchenarchitektur gemacht haben.

Claus A. Froh begleitet das Haus Bulthaup seit vielen Jahren als Creativ Consultant – und spiegelt die Philosophie des Unternehmens in ebenso feinsinnigen wie sinnlichen Botschaften. Der pure Look seiner Anzeigen, Kataloge und Bücher hat Maßstäbe in punkto Markenkommunikation gesetzt. Sein Motto, in der Werbung und beim Essen: Alles Großartige ist einfach – aber nicht alles Einfache ist auch großartig.

Mercedes-Benz CLS 63 AMG – der heimliche Star der Begegnung sorgt seit seiner ersten Ausfahrt für ungebremste Begeisterung. Ein viertüriges Sportcoupé mit eleganten, fließenden Linien, mit emotionalem Design und enormem Charisma. Fast eine Skulptur – wäre da nicht der Vorwärtsdrang des 514 PS starken AMG 6,3-Liter-V8-Motors. Mehr über den CLS im virtuellen Showroom unter www.mercedes-amg.com.

„PASSIONists“: Das von Chefdesigner Prof. Peter Pfeiffer herausgegebene außergewöhnliche Buch beschreibt seine Begegnungen mit leidenschaftlichen Grenzgängern wie dem 3-Sterne-Koch Heston Blumenthal, der Interior-Designerin Paola Navone, Gerd Bulthaup, Rennpilot Jean Alesi und dem deutschen Weinrevoluzzer Werner Knipser. Bestellen können es MERIAN-Leser kostenlos unter **www.passionists.de** oder unter **Tel. 01805-115180.** Das Buch erscheint im Juni 2006.

LB MA 2191
AMG
ZWEI MÄNNER, EIN ZIEL:
DAS BESONDERE IN SEINER REINSTEN FORM.

Eiweiß in 3D: in Martinsried entworfene menschliche Proteine

Moleküle und Moneten

Spitzen-Unis, Forschungsinstitute und Hightech-Firmen: die Vernetzung von Wissenschaft und Wirtschaft macht München zum Wissenschaftsstandort Nummer eins

Text: Martin Rasper

Papst sind wir ja schon geworden. Ein halbes Jahr war das gerade erst her, da durften sich speziell die Münchner noch einmal sehr bedeutend fühlen: „Wir sind Nobelpreisträger", titelte die *Süddeutsche Zeitung* im Oktober 2005, nachdem der Physiker Theodor Hänsch vom Garchinger Max-Planck-Institut für Quantenoptik in den Wissenschaftler-Olymp aufgenommen worden war. Seither gehört der freundliche Professor mit der Zahnlücke auch medial zum Münchner Alltag – wie bei Nobelpreisträgern üblich, ist der Geehrte gefordert, wenn es gilt, sich der Bildungsmisere entgegenzustemmen und in Schulen dafür zu werben, dass Physik eine tolle Sache ist. Und auch wenn der gemeine Münchner über Herrn Hänsch bestenfalls weiß, dass der „irgendwas mit Lasern" macht, so trägt es doch zu dem Gefühl bei, dass es schon seine Richtigkeit hat, wenn ein Nobelpreisträger aus München kommt.

Denn der Raum München hat sich unbestritten zu Deutschlands Wissenschaftsstandort Nummer eins gemausert. Kurze Superlativ-Liste gefällig? Als einzige Stadt beherbergt München gleich zwei der insgesamt zehn Universitäten, die bei der „Exzellenzinitiative" des Bundesforschungsministeriums die vorletzte Stufe auf dem Weg zum „Leuchtturm der Wissenschaft" geschafft haben; es gibt hier die größte Dichte an Max-Planck-Instituten; mit der Max-Planck-Gesellschaft und der Fraunhofer-Gesellschaft haben zwei der wichtigsten Forschungsorganisationen ihre Zentrale in München; und mit Martinsried (Medizin- und Biotechnologie) und Garching (Physik, Astronomie, Maschinentechnik) existieren zwei international bedeutende Forschungsgelände, auf denen Universität, außeruniversitäre Forschung und Industrie eng verzahnt sind.

Auch auf dem Sektor der populären Wissenschaft kann die Stadt punkten: Sowohl das Deutsche Museum, die größte naturwissenschaftlich-technische Sammlung, als auch die jährlich stattfindenden „Münchner Wissenschaftstage", eine hochkarätig besetzte öffentliche Veranstaltung, sind in Deutschland einzigartig.

„Clusterbildung" heißt das Zauberwort der Politiker, wenn sie davon träumen, eine Region nach vorn zu bringen. Cluster bedeutet „Zusammenballung", und wenn das, was sich ballt, sich noch gegenseitig befruchtet, hat die Clusterbildung funktioniert.

Wie das geht, lässt sich etwa am Biotech-Campus Großhadern-Martinsried beobachten, beidseits der südwestlichen Stadtgrenze. Rund um das Klinikum Großhadern und die beiden renommierten Max-Planck-Institute für Biochemie und für Neurobiologie entstanden im Lauf der letzten Jahre immer mehr Forschungsinstitute und Unternehmen. Die Ludwig-Maximilians-Universität siedelte hier ihr Genzentrum und ihre Fakultäten für Medizin, Chemie, Pharmazie und Biologie an, dazu entstand das Innovations- und Gründerzentrum Biotechnologie (IZB), das zahlreiche private Firmen anschob.

Das IZB bietet alles aus einer Hand, um jungen Biotech-Firmen auf die Beine zu helfen: Begutachtung und Beratung bei Konzepten und Businessplänen, Unterstützung bei der Finanzierung und Kontakt zu Kapitalgebern, dazu Laborraum in allen Größen, fertig ausgestattet und zu günstigen Mieten. Zwar ist die anfängliche Euphorie seit 2001 einer

Lichte Hallen und starke Ideen: München zählt zu den wichtigsten Messeplätzen der Welt

Über München zu neuen Märkten

München war schon immer eine Drehscheibe des Handels zwischen Ost und West, Nord und Süd: Es war der Fernhandel, der die Stadt wachsen ließ. Heute wird die Millionenmetropole international als prosperierender Industrie- und Forschungsstandort wahrgenommen. Ein Image, an dem die Messe München nachhaltig mitgewirkt hat: Die Stadt zählt zu den zehn wichtigsten Messeplätzen der Welt. Ob „Bauma", die Weltleitmesse für die neuesten Produkte der internationalen Bau-, Baustoff- und Bergbaumaschinenindustrie, oder „BAU", die internationale Fachmesse für Baustoffe, Bausysteme und Bauerneuerung – München hat über 50 international bedeutende Messen für Investitionsgüter, Informatik und Neue Technologie, gehobene Konsumgüter oder Handwerk entwickelt. Und konsequent in die Zukunft und Infrastruktur des Messestandorts investiert: Seit 1998 treffen sich Aussteller und Besucher aus der ganzen Welt auf dem neuen, großzügigen Ausstellungsgelände in München Riem. Auf 73 ha Grundfläche bieten 17 Messehallen mit einer Hallenfläche von 180.000 m² das perfekte Forum für internationale Wirtschaftskontakte. Die filigrane Architektur verbindet funktionale Anforderungen und ästhetische Ansprüche und sorgt für eine lichte, warme und sympathische Atmosphäre in den Hallen und Gebäuden. Durch die Verbindung der Neuen

Messe München mit dem Internationalen Congress Center München und dem multifunktionalen M,O,C,-Veranstaltungscenter besteht die Möglichkeit, jede nur denkbare Veranstaltungsvariante durchzuführen: Seminare, Tagungen, Fachkongresse, Weltmessen oder auch das Medienzentrum der FIFA Fußball-WM 2006.

Platz für Weltmessen: München ist internationale Drehscheibe für neue Produkte, Ideen und Trends.

MESSE MÜNCHEN INTERNATIONAL

NEUE MESSE MÜNCHEN:
Ob topaktuelle Sportfashion auf der *ispo* oder schwere Baumaschinen auf der *bauma*, ob High Tech auf der *Electronica* oder Gewerbeimmobilien auf der *Expo Real* – die Neue Messe München hat Veranstaltungen entwickelt, die in ihren Branchen zu Leitmessen geworden sind. Über 30.000 Aussteller aus mehr als 100 Ländern und mehr als zwei Millionen Besucher aus rund 200 Ländern nehmen jährlich an den Veranstaltungen in München teil.

DATEN UND FAKTEN:
Hallenfläche: 180.000 m²
Hallen: 17 (davon 16 stützenfrei)
Grundfläche: 73 ha
Infrastruktur: citynahe Lage mit ausgezeichneter Hotel- und Verkehrsinfrastruktur

Information unter www.messe-muenchen.de

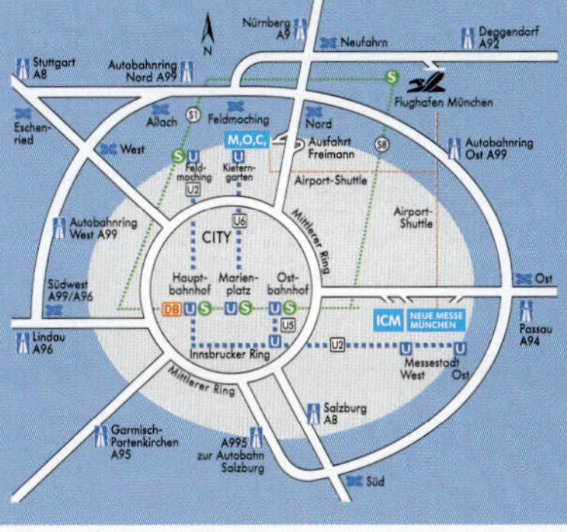

Im Max-Planck-Institut für Plasmaphysik in Garching arbeitet die größte deutsche Fusionsanlage an der Zukunft. Wie in unserer Sonne sollen hier einst riesige Energien aus der Verschmelzung leichter Atomkerne entstehen. Wie es funktioniert, ist bekannt; in einigen Jahren könnte das Feuer brennen

gewissen Ernüchterung gewichen; manche Firmen mussten aufgeben, andere schreiben bis heute rote Zahlen. Einige aber haben es bereits geschafft: Das Martinsrieder Vorzeigeunternehmen Morphosys, das gezielt menschliche Antikörper herstellt, ist bereits 1999 erfolgreich an die Börse gegangen. GPC Biotech steht mit einem Krebsmedikament kurz vor der Markteinführung. Und Medigene, eine Ausgründung aus dem Genzentrum der Universität, verfügt als erstes deutsches Biotech-Unternehmen bereits über ein Medikament auf dem Markt: Eligard heißt es und wird bei Prostatakrebs eingesetzt.

Wenn es richtig clustert, ergeben sich die positiven Rückkopplungen wie von selbst. **„Für ehrgeizige Studenten sind Unis mit engen Beziehungen zur Wirtschaft attraktiv, weil sie dort zielgenau auf ihren künftigen Arbeitsplatz hin studieren können"**, erklärt Peter Gruss, Präsident der Max-Planck-Gesellschaft, „und die Firmen können ihre zukünftigen Top-Leute schon während des Studiums an sich binden." Rückkopplung entsteht auch auf höherer Ebene: Ein funktionierender Cluster gilt als Ausweis erfolgreicher Forschungspolitik, die weitere Zuwendung anzieht. So war München Mitte der neunziger Jahre einer der drei Sieger beim „BioRegio"-Wettbewerb des Bundesforschungsministeriums, wofür es nicht nur Preisgeld gab; vor allem wurden die Institute bei der Vergabe von weiteren Forschungsgeldern bevorzugt.

Was macht München so stark? In erster Linie ist es wohl die Folge politischer Grundsatzentscheidungen seit den fünfziger Jahren, als Politiker darangingen, das Agrarland Bayern in einen modernen Industriestaat zu verwandeln und diesen Strukturwandel massiv zu subventionieren.

Nun können solche Weichenstellungen auch schiefgehen, wenn der politische Wille nachlässt oder das Konzept nicht hinhaut. „Bio-Boom im Bauernstadl", lästerte man etwa in dem beschaulichen Dorf Martinsried, als die ehrgeizigen Pläne bekannt wurden. Und die in der Münchner Schotterebene sich verlierenden ersten Institutsbauten des Garchinger TU-Campus zogen in den achtziger Jahren den Spottnamen „Novogarchinsk" geradezu an; wer seinerzeit dort studierte und nach dreiviertelstündiger Busfahrt von München hinaustrat in die eiskalten Winde der Garchinger Heide, wo das Atom-Ei des Forschungsreaktors aus dem Nebel ragte, den erfasste durchaus bizarrer Schauder.

Ein Hauch von Ausgesetztheit durchweht das Garchinger Forschungsgelände immer noch. Und doch hat es sich inzwischen zum Musterbeispiel eines Campus der neuen Art entwickelt, wo sich Universität, private Forschung und Industrie verzahnen. General Electric, Prototyp des weltweit agierenden Technologiekonzerns, hat auf dem Garchinger Campus eines seiner vier „Global Research Center" errichtet (die anderen sind in New York, Schanghai und Bangalore). Vor allem auf den Gebieten Elektrotechnik, Sensorik, bildgebende Verfahren und alternative Energien wird General Electric in Garching forschen und dabei die Nähe zur TU nutzen, die wohl letztlich den Ausschlag für die Entscheidung gab.

Und diesen Erfolg darf sich auch der umtriebige TU-Präsident Wolfgang A. Herrmann auf die Fahnen schreiben. Herrmann, der das ehrgeizige Ziel verfolgt, seine Hochschule zur erklärten Nummer eins in Deutschland zu machen – zu dem Namen, der einem als erstes einfällt, wenn man nach dem hiesigen Pendant zu Stanford oder dem Massachusetts Institute of Technology sucht. Seine Hochschule wählt nicht nur die Studenten für einige Studiengänge inzwischen selbst aus, sondern hat auch die enge Zusammenarbeit mit renommierten Firmen zur Strategie erhoben. So ließ die TU den riesigen Neubau der Fakultät für Maschinenwesen von BMW errichten, das Unternehmen hatte bereits Erfahrung mit einem eigenen Forschungs- und Entwicklungszentrum ähnlicher Größe gewonnen; überdies vereinfachte der private Auftraggeber das bei öffentlichen Bauten vorgeschriebene komplizierte Ausschreibungs- und Genehmigungsverfahren. Eine ähnliche Zusammenarbeit wird es auch bei künftigen Gebäuden in Garching geben, beispielsweise dem geplanten Audimax. Vielleicht ist das der typischste Teil der Geschichte: Ein bisschen bayerische Schlitzohrigkeit gehört eben immer auch dazu. □

Martin Rasper *studierte in Garching unter den langen Schatten dreier Nobelpreisträger – und wurde lieber Journalist.*

Foto: Yadid Levy

KUNST HOCH DREI

Die Alte, die Neue und die Pinakothek der Moderne. Drei Institute, die zeigen, dass München wie keine andere Stadt die bildenden Künste der letzten 700 Jahre gesammelt und gepflegt hat *Text: Emanuel Eckardt*

Ein Wahrzeichen der Pinakotheken ist die Rauminstallation „Die Reise nach Jerusalem“ von Olaf Metzel

DESIGN ZUM QUADRAT

Die „Setzkasten" genannte Wand eröffnet die Abteilung Design in der Pinakothek der Moderne und erleuchtet die „Modulare Sitzlandschaft" von Karim Rashid

Foto: Yadid Levy

LINIEN IM KREIS

Licht, Raum und Sinnesreiz, das ergibt Kunst. So beweist Architekt Stephan Braunfels, welch hohe Kunst er beherrscht

Ein Sonntag in München. Hunderte strömen in die Pinakothek der Moderne, Familien, Besuchergruppen und Alleinreisende. Elegant schwingen die Treppen im kreisrunden Raum unter der Rotunde, führen lichte Flure zu den Hauptwerken der Kunst des 20. und 21. Jahrhunderts, zu Expressionismus, zur klassischen Moderne und amerikanischer Minimal Art.

Das größte Museum moderner Kunst in Deutschland birgt die Schätze der Staatlichen Graphischen Sammlung und der Neuen Sammlung, nun als Museum für Design und angewandte Kunst, sowie das Architekturmuseum der Technischen Universität. Dass der Freistaat Bayern im Zeitalter zugebundener Spendierhosen am 16. September 2002 seiner Hauptstadt diesen Bau des Architekten Stephan Braunfels schenkte, war eine Großtat gegen den Trend.

Die drei Pinakotheken bilden ein einzigartiges Ensemble deutscher Museumskultur, Resultat freistaatlich organisierten Kunstverstandes, großzügigen Bürgersinns sowie der offenbar erblichen Sammelleidenschaft des Hauses Wittelsbach. Wittelsbacher regierten in München und Schleißheim, in Mannheim, Zweibrücken und Düsseldorf, und wo sie am Drücker waren, sammelten sie Kunst, kenntnisreich, notorisch begeistert – und das länger als ein halbes Jahrtausend.

Angefangen hatte es mit Herzog Wilhelm IV., der 1528 einen Historienzyklus für die Münchner Residenz in Auftrag gab, und Albrecht Altdorfer seine „Alexanderschlacht" malen ließ, ein Meisterwerk, das schon allein eine Reise nach München wert ist. Kurfürst Maximilian I. sammelte Dürer, sein Enkel Max Emanuel nutzte seine Stellung als Statthalter der Niederlande, um das Beste der Flämischen Schule in seinen Besitz zu bringen.

Doch nirgendwo hingen so viele Prachtstücke von Peter Paul Rubens wie in Düsseldorf, der Residenz der Pfälzer Wittelsbacher. Kurfürst Johann Wilhelm, verheiratet mit Anna Maria Luisa aus der toskanischen Familie Medici, nahm Raffaels „Heilige Familie aus dem Hause Canigiani" als Geschenk aus Florenz entgegen. Auch in Mannheim hatte ein Wittelsbacher, Kurfürst Karl Theodor, eine prächtige Sammlung aufgebaut, und die Herzöge von Pfalz-Zweibrücken brauchten in ihrem Schloss Carlsberg einen Bildersaal von 160 Metern Länge, um ihre schönsten Stücke zu zeigen.

Es mangelte den Wittelsbachern an nichts, nur an legitimen Erben. Ende des 18. Jahrhunderts war die Dynastie in Altbayern und auch die mächtige Pfälzer Linie ohne Nachkommen. Wohin mit all der Kunst? Das reiche Erbe floss den Zweibrücker Herzögen zu. Und weil die nun auch die Kurwürde in Bayern geerbt hatten, brachten sie alle ihre Schätze in die Hauptstadt München: Die Mannheimer Galerie mit gut 600, die Düsseldorfer mit 350 und die Bestände ihrer eigenen, der Carlsberger Galerie mit 2000 Werken. Hinzu kamen noch 1500 Kunstwerke aus Klöstern und Kirchen, die bei der Säkularisation enteignet wurden.

Die Französische Revolution hatte die Welt der schönen Künste verändert. Alle Kunst gehörte der Nation. Seit 1793 waren die Schätze des Louvre öffentlich zugänglich, die Schau beeindruckte den jungen bayerischen Kronprinzen Ludwig tief; 33-mal soll er bei seinem Paris-Aufenthalt 1806 das Musée Napoléon besucht haben.

Warum sollte München keinen Louvre bekommen? Der Kronprinz berief Leo von Klenze als Architekten für einen repräsentativen Galeriebau, der nach einigem Hin und Her in der Maxvorstadt errichtet werden sollte. Die Grundsteinlegung erfolgte 1816 an Raffaels Geburtstag, dem 7. April. Auch der Begriff Pinakothek – der Ort, an dem die *pinakes* (Griechisch für Bilder) aufbewahrt wurden – wies in die Renaissance.

Zehn Jahre später wurde Klenzes erste Pinakothek endlich eröffnet, ein wahrhaft königlicher 134 Meter langer Bau mit neun Sälen, durch zentrale Türachsen miteinander verbunden, was eine faszinierende Sogwirkung auf Besucher ausübte, eine Schatzkammer für Bruegels „Schlaraffenland", für Alte Meister, Niederländer, Flamen, Italiener und die ganze barocke Pracht, achtzig Rubens insgesamt, mitten drin sein Riesenwerk vom „Höllensturz der Verdammten".

Aber Ludwig wollte mehr, etwas nie Dagewesenes, das erste Museum für die Kunst der Gegenwart. Schon als Kronprinz hatte er zeitgenössische Kunst gefördert, vor allem die jungen Maler in Rom, die in seiner Villa Malta lebten und die Früchte ihrer Arbeit in München ablieferten. Aus Griechenland, wo seit 1832 auch ein Wittelsbacher regierte, brachte Carl Rottmann Skizzen für die 23 Bilder seines Griechenland-Zyklus mit. Dieser Kunst wollte Ludwig Raum geben.

Am 25. Oktober 1853 wurde die Neue Pinakothek in München nach Plänen von Friedrich von Gärtner und August von Voit als erstes Museum zeitgenössischer Kunst eröffnet. Als Ludwig I. 1868 starb, umfasste ihr Bestand 425 Gemälde. Doch nach seinem Tod suchte die königliche Begeisterung für die Kunst andere Ventile. Sein Enkel Ludwig II. investierte lieber in Traumschlösser und Richard Wagner, erwarb immerhin Anselm Feuerbachs „Abschied der Medea" und von Pilotys das Bild „Thusnelda im Triumphzug des Germanicus".

Erst als Hugo von Tschudi 1909 zum Generaldirektor beider Pinakotheken berufen wurde, kam Schwung in den Laden. In den zwei Jahren bis zu sei-

Der Bau zum Thema: Die Pinakothek der Moderne ist Licht und pure Form

nem Tod 1911 erwarb er 44 Gemälde, neun Skulpturen und 22 Zeichnungen von ziemlich umstrittenen Künstlern aus Frankreich: Hauptwerke von Daumier, Courbet, Manet, Monet, van Gogh, Gauguin und Cézanne.

Nirgendwo in Deutschland waren so viele Meisterwerke der Avantgarde versammelt wie in München. Aber hier wurden diese Werke auch zuerst von den Nazis als „entartete Kunst" diffamiert. Was nicht völkischem Stilempfinden entsprach, wurde beschlagnahmt und ins Ausland verkauft, darunter van Goghs Selbstbildnis, das heute im Fogg Art Museum, in Cambridge/Massachusetts, zu sehen ist.

Während des Zweiten Weltkriegs wurden die Sammlungen ausgelagert. Die Neue Pinakothek wurde durch Bombenangriffe so schwer zerstört, dass sie später abgerissen werden musste. Sie wurde 1981 an alter Stelle wieder errichtet. Architekt Alexander Freiherr von Branca schuf einen Bau mit idealen Lichtbedingungen. Mäzene und Vereine taten sich zusammen, kauften Gemälde von Wilson, Gainsborough, Reynolds, Raeburn, Constable und Turner, die wohl bedeutendste Sammlung englischer Werke auf dem Kontinent. Dazu kamen Meisterwerke von David, Géricault und Millet, Monet, Degas und Toulouse-Lautrec, Arbeiten von Caspar David Friedrich, Georg Kersting und Max Liebermann. Als Schatzkammer für die Kunst des 19. Jahrhunderts spielt Münchens Neue Pinakothek in der gleichen Liga wie die Alte Nationalgalerie in Berlin und das Musée d'Orsay in Paris.

Doch wohin mit der Moderne? Die Nazis hatten ganze Arbeit geleistet. Nach 1945 besaß München nur noch vier Gemälde, je eins von Franz Marc, Henri Matisse, Oskar Kokoschka und Lovis Corinth, und zwei Skulpturen. Es gab keinen Kunst sammelnden König mehr, aber Münchens Begeisterung für die Kunst war ungebrochen. Der Freistaat Bayern begann deutsche Expressionisten zu sammeln, private Stifter, Mäzene und Vereine brachten eine herausragende Kollektion zusammen, Künstler der Brücke, Hauptwerke des Surrealismus und weltweit die größte Sammlung mit Werken Max Beckmanns.

Ein besonderes Geschenk war die Sammlung Sofie und Emanuel Fohn. Das Herz der Künstler und Sammler hing am 19. Jahrhundert, die Moderne stand ihnen fern. Aber als die Kampagne gegen die „entartete Kunst" tobte, verkauften sie ihre Schätze und nahmen das Geld, um die verfemten Werke zu kaufen, darunter August Mackes „Mädchen unter Bäumen".

Die Pinakothek der Moderne ist heute nach Besucherzahlen der Star unter den drei Schwestern. Die Graphische Sammlung birgt Schätze von Rubens, Dalí und Picasso, das Architekturmuseum zeigt die berühmten Nylonstrümpfe des Teams Behnisch, Otto und Grzimek, das Stretch-Modell für den Olympiapark München. Im Riesensaal des Car-Designs glänzt Bertonis DS 19 von Citroën, die Wanderung durch das 20. Jahrhundert führt von Thonets Bugholzmöbeln zum deutsch-italienischen Dialog. Ikonen des Schmuckdesigns glänzen in der Rotunde, Filme werden gezeigt, eine Pasolini-Werkschau, Aktionen, Nachtmusik mit dem Münchner Kammerorchester, Komponistenporträts. Die Pinakothek der Moderne führt durch alle Disziplinen aktueller Kunst, der einzige Ort, wo sich Jesus, Elvis und Lenin im selben Raum begegnen.

Nebenan ist es ruhig. Die Alte Pinakothek atmet Gelassenheit. Der Maler André Mimor steht vor Leonardos zauberhafter „Madonna mit der Nelke" und kopiert das Werk in zwei Versionen, eine mit Harzölfarben, wie Leonardo sie vor 533 Jahren verwendet hatte, und eine mit modernen Ölfarben, ein Forschungsprojekt des Doerner-Instituts. „Leonardo war 21 Jahre alt, als er die Madonna malte, er hat viel experimentiert", sagt der Mann und tritt zurück. „So ein Bild kann nur jemand malen, der nicht unter Zeitdruck steht. Deshalb kann solche Kunst nicht mehr entstehen."

Mimor wendet sich wieder seiner Arbeit zu. Ein paar Monate wird er noch damit verbringen. Ohne Hast, bei voller Bezahlung, eine Reise in eine andere, verlorene Zeit. □

Emanuel Eckardt, *Maler und Kunsthistoriker, hat die Pinakotheken zu seiner zweiten Heimat gemacht.*

MERIAN | TIPP Kurzbesuch

DREI MUSEEN IN DREI STUNDEN
Die Pinakotheken liegen in unmittelbarer Nachbarschaft. Wer ihre Schätze angemessen würdigen will, braucht dafür Wochen. Zur Vorbereitung einer Stippvisite eignet sich die Webseite **www.pinakothek.de.** Wir empfehlen folgende Auswahl:

Alte Pinakothek Malerei vom 14. bis 18. Jh. findet man hier, wer keine Zeit hat, sollte sich ein einzelnes Gemälde heraussuchen. Die „Alexanderschlacht" von Albrecht Altdorfer (1529) ist ein in zeitlicher und erzählerischer Tiefe derart gefülltes Werk, dass dazu eine Stunde kaum reicht.
Barer Straße 27, Tel. 23 80 52 16,
tägl. außer Mo 10-17, Di 10-20 Uhr, geschl. Faschingsdienstag, 1. Mai, 24., 25., 31. Dez.
Eintritt 5,50 €, erm. 4 €, inkl. Audioführung, So 1 €, Audioführung 4 €

Die Neue Pinakothek ist ganz dem 19. Jh. gewidmet. Wer in Saal 1 Goyas „Gerupfte Pute" anschaut und in Saal 16 Böcklins „Im Spiel der Wellen", der mag ermessen, wie schockierend revolutionär diese Malerei zu ihrer Zeit gewirkt hat.
Barer Straße 29, Tel. 23 80 51 95
Tägl. außer Di 10-17, Mi bis 20 Uhr. Eintritt 5,50 €, erm. 4 E, So 1 €, geschl. wie Alte Pinakothek

Pinakothek der Moderne Kunst, Grafik, Design und Architektur nehmen etwa gleich viel Raum ein. Tipp für Eilige: das Design des Alltags zwischen sachlicher Braun-Gestaltung und farbiger Olivetti-Ironie erkunden. Und die Autos: Die DS 19 und der Tatra aus dem Jahr 1937 lassen moderne Pkws alt aussehen.
Barer Straße 40, Tel. 23 80 53 60
Tägl. außer Mo 10-17, Do, Fr bis 20 Uhr. Geschl.: siehe Alte Pinakothek
Eintritt 9,50 €, erm. 6 €, So 1 €

© Christoph Wilhelm

EIN KÖNIGREICH FÜR ALLE

Bayern war schon immer da, als Monarchie mussten es die Wittelsbacher erst erfinden. Bis heute existiert sie insgeheim weiter: saugrob, aber im Grunde seriös

Text: Mathias Mesenhöller

Der Dackel heißt Wastl. Wie auch sonst, unter diesem blau-weiß-blauen Himmel. Und der Herr am anderen Ende der Leine heißt, natürlich: Franz. Herr und Hund im Nymphenburger Park – ohne das Königsschloss im Hintergrund wäre das Bild irgendwie unvollständig.

Szenenwechsel. Ein anderer Herr, ähnlichen Alters, gut siebzig, aber entschieden rustikaler, flaniert im Hofgarten, auch er ohne Arg. Bis ein Passant ihm sagt, er möge doch lieber nach Hause gehen, es sei nämlich Revolution. „Ja deafans denn des ?“, soll Ludwig III. konsterniert gefragt haben. Eigentlich natürlich nicht, aber das Volk war es leid in jenem November 1918, nicht mal so sehr die 738 Jahre Wittelsbacher-Herrschaft, als die vier Jahre Weltkrieg. In ganz Deutschland fielen die Kronen. Doch die Weimarer Republik scheiterte, Hitler kam an die Macht. München wurde „Hauptstadt der Bewegung“, dann ein Scherben-

Max I. fasst auf das kronenlose Kronenkissen. Die mit napoleonischer Geschwindigkeit anberaumte Königwerdung geschah ohne sie, das 94 000 Gulden teure Stück wurde erst 1807 fertig. „Vater Max“ war der Erbauer des modernen Bayern, sein Urenkel Ludwig II. brachte immerhin noch Neuschwanstein zustande

haufen. 1946 ließen die Amerikaner eine Landesversammlung wählen, die eine Verfassung ausarbeitete, inklusive der Bestimmung, der erneuerte Freistaat werde sich einer künftigen deutschen Republik anschließen. Was er dann auch tat, grantelnd zwar, weil den Bayern das Grundgesetz nicht föderal genug war – sie ließen es im Landtag durchfallen. Und deshalb feiert die bayerische Nation 2006 ihr 60. Verfassungsjubiläum, drei Jahre vor dem Rest der Republik. Aber nur ein bisschen, denn wichtiger ist ein anderes Datum, die eigentliche Geburtsstunde des modernen Bayern: der Neujahrstag 1806.

Damals verkündete der Landesherold den Münchnern, ihr Kurfürst Maximilian IV. Joseph habe sich entschlossen, die Königswürde anzunehmen. Der Mann, der das ermöglicht hatte, war am Vortag in der Stadt angelangt, hielt sich aber im Hintergrund: Napoleon Bonaparte, Kaiser der Franzosen. Im Dezember hatte er Österreich bezwungen, nun ordnete er Europa neu. Bayern, das nach einigem Zögern auf Frankreichs Seite übergegangen war, wurde von einem Kurfürstentum des Heiligen Römischen Reichs deutscher Nation zum souveränen Staat; das Reich selbst hörte noch im selben Jahr auf zu bestehen. Es dauerte eine Dekade, dann war Napoleon am Ende. Bayern jedoch, das abermals rechtzeitig die Partei gewechselt hatte, blieb Königreich, bis eben zur Novemberrevolution 1918, aus der es als Freistaat, also Republik, hervorging.

Allerdings überkommt einen in München bis heute das Gefühl, es könnte sich bei dieser Republik um eine Tarnkappe handeln. Die Monarchie und die Wittelsbacher gehören zur bayerischen politischen Identität wie die Gebirgsschützen, der Defiliermarsch und der Bockbieranstich.

Schloss Nymphenburg ist Heimstatt für Ludwigs I. „Schönheitengalerie". Nicht dort eingereiht: seine ambitionierte Geliebte Lola Montez. Auch ein Unikum ist das Maximilianeum, heute Sitz des legendenumwitterten Bayerischen Landtags

Oder verhält es sich genau andersherum, und der hartnäckige Traditionalismus ist die Tarnung, hinter der sich das Land permanent modernisieren lässt, ohne dass es groß auffällt?

Diese Doppelbödigkeit ist selbst Teil der Tradition. Als ihre Erfinder können der erste König und sein leitender Minister Maximilian von Montgelas gelten. „Der Baier liebt, ja er verlangt, dass leutselig der Fürst sei", hatte Max I. Joseph seinem Sohn und allen folgenden Königen und Ministerpräsidenten mitgegeben und hielt sich selbst daran bis zur Vollendung: „Der König von Bayern", schrieb ein preußischer Diplomat beim Wiener Kongress 1815, „sieht aus wie ein grober, verdrießlicher bayerischer Fuhrmann, hat aber einen Anschein von Biederkeit und Rechtlichkeit. Er ist der bürgerlichste König." So wurde er „der gute König Max", „Vater Max" – während Montgelas das Land umbaute, Verwaltung und Gerichtswesen von Grund auf modernisierte, den Status der Bauern verbesserte, die Pressefreiheit durchsetzte, die Zünfte beschränkte, die Vorrechte des Adels beschnitt, das Schulwesen erneuerte, die Kirche an die Kandare nahm, die allgemeine Wehrpflicht einführte. Die größte Herausforderung für Montgelas und Max I. lag indes darin, überhaupt erst einmal ein Bayern zu schaffen. Denn was sich da am Ende der napoleonischen Umwälzungen unter einer souveränen Krone zusammengespannt fand, waren vier Landsmannschaften – Pfälzer, Franken, Schwaben und Altbayern: nicht eben ein harmonisches Ensemble – und ein Gewimmel selbstständiger Reichsstädte, Ritterschaften, Miniaturfürstentümer, Hochstifte, Reichsabteien. Zwei Drittel der 3,5 Millionen Untertanen waren „Neubayern", und die wenigsten zeigten sich glücklich über das Ende ihrer zwergstaatlichen Herrlichkeit, die Standesherren und Städte ohnehin nicht, aber auch die kleinen Leute auf dem Land: „Wir sind also bayerisch. Gott gnade uns allen", seufzte der Pfarrer von Thalhofen (Allgäu). Gerade den Klerus traf der Münchner aufgeklärte Staatsabsolutismus hart, die Säkularisation bedeutete den Verlust von Pfründen, Privilegien und Besitz, Bibliotheken und Kunstschätze wanderten in die Hauptstadt. Die Protestanten hingegen, immerhin ein Drittel der Bevölkerung, gewannen Religionsfreiheit und Gleichberechtigung, nicht nur in ihren angestammten Gebieten, im Fränkischen und Schwäbischen, sondern auch im erzkatholischen Altbayern. Das davon durchaus profitierte: Der erste Evangelische, der 1801 in München das Bürgerrecht erhielt, war ein Weinwirt aus Mannheim, das hatte man noch nicht und machte den Eingesessenen die Reformpolitik schmackhaft. Um deren Akzeptanz und das Zusammengehörigkeitsgefühl der fremdelnden Landeskinder ging es Max I. auch, als er 1818 seinem buntscheckigen Untertanenverband eine Verfassung und einen gemeinsamen Landtag gab. Da war Montgelas bereits gestürzt, doch gründete die Konstitution, in mancher Hinsicht die damals progressivste in Deutschland, auf seinem Werk und krönte es.

Effiziente Verwaltung und bewusste Traditionsbildung als Mittel, ihren Territorienteppich zusammenzuhalten: Das wurde den Königen zum politischen Leitmotiv. Zumal sie selbst „Zuag'roaste" waren – der so urbayerisch wirkende Max I. Joseph stammte aus Pfalz-Zweibrücken, einer Wittelsbacher Nebenlinie, die erst 1799, nach zwei erbenlosen Fürsten in München zum Zuge gekommen war. Doch wie so viele andere akklimatisierten sie sich rasch und trugen zur gesamtbayerischen Nationsbildung bei, durch gezielte Integrationspolitik einerseits, als Symbol der Landesidentität andererseits. In ihren Porträts spiegelt sich die Bayernwerdung Bayerns: ein Landesvater, ein Womanizer, ein Gelehrter, ein Exzentriker, ein Weißbiernamensgeber und ein Musterlandwirt.

Eine Nation braucht außer einer Verfassung vor allem Symbole. Ludwig I. (1825 - 1848) schuf sie. Mit Kunstsinn, Arbeitswut und einem ausgeprägten Königsbewusstsein („Ich brauche gar keine Minister. Ich bin mein Minister, die Minister sind meine Schreiber") gab er München die Denkmäler und Architektur, die seinen und Bayerns Sou-

veränitätsanspruch abzubilden vermochten. „C'est vraiment une capitale", das sei wahrlich eine Hauptstadt, äußerte angesichts der Perspektive von der Feldherrnhalle zum Siegestor einer, der es beurteilen konnte: Charles de Gaulle. Über eben diesen Anspruch stolperte Ludwig freilich auch. Mit der Zeit ein veritabler Autokrat, beratungsresistent und zunehmend selbstherrlich, wurde er im europäischen Revolutionsjahr 1848 zur Abdankung gezwungen. Nicht ohne, dass die Sache eine speziell bayerische Note hatte: Ludwig war ein Frauenschwärmer, was ihm im Grunde niemand verübelte, der Puritanismus hatte nie große Chancen in München, aber dann kam diese Tänzerin Lola Montez, vorgeblich Spanierin, tatsächlich Irin, und entwickelte Ambitionen. Die Mätresse spielte Königin, und da hört es sich auf. Das Volk rebellierte, die Montez musste gehen, der König politische Zugeständnisse machen, die ihn in seiner Berufsauffassung kränkten – er warf hin.

Sein Sohn Maximilian II. (1848 - 1864) war das rechte Gegenteil. Ein unglamouröser Förderer der Wissenschaften, der lieber Forscher als Monarch geworden wäre und verzweifelt ausrief: „Ich will Frieden haben mit meinem Volke!" In Ansätzen gelang das: Unter ihm erreichte die Identitätspolitik ihren Höhepunkt, von Trachtenpropaganda bis zum Bayerischen Nationalmuseum. Als er jedoch, um Kunst und Wissenschaft voranzubringen, Professoren und Künstler aus dem übrigen Deutschland nach München zog, häufig Protestanten, häufig aus Berlin, ging die Sache nach hinten los. Das katholisch-patriotische Lager machte Front gegen solche „Nordlichterei" und der Streit verfestigte eine Konstellation, die jahrzehntelang hielt: Ein mehrheitlich konservativer Landtag opponierte gegen liberale Ministerien, die Monarchie schlug sich im Zweifel auf die Seite ihrer Minister, die sie zum Dank Schritt für Schritt von der Macht ver-

Wohnsitz und Arbeitsplatz der Könige war die Residenz mit ihrem prächtigen Antiquarium. Die heutige Macht versucht in der neuen Staatskanzlei immerhin einstige Größe zu zitieren

drängten – Bayern ist nicht auf Harmonie gebaut.

Wie man mit wenig Macht und um so mehr Volksscheu dennoch aller Welt „Kini" werden kann, demonstrierte Ludwig II. (1864 - 1886). Nachdem Bayern 1866/71 wesentliche Elemente seiner Souveränität an Bismarcks neues Reich verloren hatte, schweißte das Berliner Machtgehabe einerseits die Unterlegenen im Widerwillen zusammen, andererseits trieb es den König zur Flucht in Träumerei und Bauwut. Mit deren Ergebnissen ziert sich das von ihm ungeliebte Deutschland heute in amerikanischen Flughäfen und Moskauer Reisebüros: kein Prospekt ohne Neuschwanstein. Das Märchenschloss bei Füssen ist die prominenteste Dauerleihgabe Bayerns an die Deutschen, die sich dafür in Iowa oder Peking nach ihrem Gamsbarthut fragen und zum Schuhplatteln auffordern lassen müssen – Rache ist süß. Aber auch die Bayreuther Festspiele machte erst ein Kredit des fanatischen Wagnerianers Ludwig II. möglich.

Weine volle Identität gewann Bayern dann in der „Prinzregentenzeit", benannt nach dem Bart- und Lederhosenträger Prinz Luitpold (1886-1912), der die Geschäfte für seinen geisteskranken Neffen Otto führte. Um die Jahrhundertwende wurden in München die Fußballabteilung des Turnvereins 1860 und der FC Bayern gegründet, das Bier erhielt Phantasienamen auf -ator, und in Schwabing und Umgebung ließen sich Thomas und Heinrich Mann nieder, Ibsen, Lenin, Stefan George, Rilke, Klee, Kandinsky und die phantastische Franziska zu Reventlow – nirgends sonst in Deutschland, meinte Lovis Corinth, treffe Altes und Neues in so heftiger Form aufeinander. Zu dem Zeitpunkt war das geschworene Hauptanliegen der Wittelsbacher, die bayerische Souveränität, nur noch Chimäre, aber das Mittel zum Zweck, die bayerische Nation und europäische Bedeutung ihrer Hauptstadt erfüllten sich, wenn auch disharmonisch, bierfilzlstumpfreaktionär zeternd oder libertär wie die Reventlow, überkandidelt, saugrob, im Kern seriös: „Das renovierte Hofbräu", schrieb Frank Wedekind, „ist zwar nicht mehr der Schweinestall von früher, aber doch noch sehr gemütlich."

Sein Festsetzen in den hearts and minds der Bayern verdankt das Königtum dieser gelungen orchestrierten Reihe von Monarchen, zuletzt auch dem wegrevolutionierten, bescheidenen Ludwig III. (1912-1918), genannt der „Millibauer", in Anspielung auf seine Passion für Milchviehhaltung, dessen Begräbnis 1921 zur monarchistischen Demonstration geriet: Die Wittelsbacher boten und bieten Projektionsfläche satt, auf der sich jeder und jede Zeit sein, ihr Bayern entwerfen kann.

Und weil die Geschichte einen Sinn für sprechende Details hat, ist der derzeitige Chef des Hauses Betriebswirt. Es waren die Eltern, die im Nachkrieg sagten, Bua', du lernst was Rechtes – ein unnötiges Misstrauen gegen die bayerische Nation, die sich, Revolution hin, Verfassung her, ohne Fürst allein fühlt. Er soll halt „anwesend" sein, wie der Herr vom Wastl seine Aufgabe beschreibt, der Franz. Seine Königliche Hoheit Herzog Franz Bonaventura Adalbert Maria von Bayern, um genau zu sein – hätte es 1918 keine Revolution gegeben, wäre er König. So bleibt es bei der Hoheit, einem Wohnrecht in Nymphenburg und eben „Anwesenheit": Wenn Bayern Reklame macht, den Papst empfängt, 200. oder 60. Geburtstage feiert, hat es nach Möglichkeit seinen Wittelsbacher dabei. In den Ministerien klackern die Laptops. In Nymphenburg dackelt der Wastl. Der Schlosspark wäre irgendwie unvollständig ohne ihn. □

Mathias Mesenhöller *ist Historiker am Geisteswissenschaftlichen Zentrum Geschichte und Kultur Ostmitteleuropas in Leipzig.*

BAVARIA

Sie war das größte Weib der Weltgeschichte, wurde später nur von der New Yorker Freiheitsstatue übertroffen. Ihre Entstehung verdankt sie königlichem Größenwahn, künstlerischem Geschmackschaos und dem Feuereifer bajuwarischer Erzgießer

Text: Peter Mayer

Neuer Glanz: Jüngst wurde die Bavaria bis aufs kleinste Eichenblatt instand gesetzt

Ludwig von Schwanthaler machte da keine Ausnahme. Wie so viele Künstler wollte sich der Münchner Bildhauer einfach nicht zufrieden geben mit seiner Arbeit, einer kolossalen Gipsfigur, die Vorbild sein sollte für ein Wunderwerk in Bronze. Mal ließ er von seinen Gehilfen an den Hüften der Riesin Bavaria noch etwas Speck auftragen; mal den Kopf zurechtrücken oder den linken Arm höher strecken. Der Löwe an des Weibes Seite musste sein Maul mal auf- und dann wieder zusperren. Manchmal aber geschah gar nichts, weil den Meister ein Gichtanfall ereilt hatte.

Die Modelleure stöhnten unter Schwanthalers artistischer Willkür, er selber litt unter der Last seines Vollkommenheitsbedürfnisses – und Ludwig I. unter Größenwahn. Der bayerische König hatte für seine Metropole Gigantisches im Sinn: Eine Bronzestatue, wie es sie seit der Antike nicht mehr gegeben hatte. „Nur Nero und ich können solche Kolosse erbauen", posaunte der Monarch in die Welt.

Hofbaumeister Leo von Klenze zeichnete einen ersten Entwurf: Darauf glich Bavaria einer Amazone, trug ein zweifach gegürtetes Gewand und hochgeschnürte Riemensandalen. Ihre rechte Hand legte sie wie eine Krone auf eine Säule mit vier Gesichtern, die linke hielt in Hüfthöhe einen Kranz, darunter kauerte ein Löwe. In einem zweiten Entwurf nahm Klenze Maß an Göttin Athene und bewehrte Bavaria mit Helm, Schild und Lanze.

Schwanthaler war das alles zu antikenverliebt. Als bekennender Romantiker schwärmte er für deutsches Mittelalter und germanische Kernigkeit. Der Bildhauer verkehrte in diversen Münchner Vaterlandszirkeln wie der „Humpenburg". Deren Mitglieder fanden Spaß daran, eine Pappfigur mit Namen „Graecia" unter rituellem Beschwörungsgemurmel zu verbrennen. Außerdem ließ sich der Künstler von der patriotischen Aufwallung mitreißen, die sich 1840/41 in der so genannten „Rheinkrise" manifestierte. Gegen Annexionspläne von Erzfeind Frankreich ließ man deutschen Nationalstolz aufbrausen.

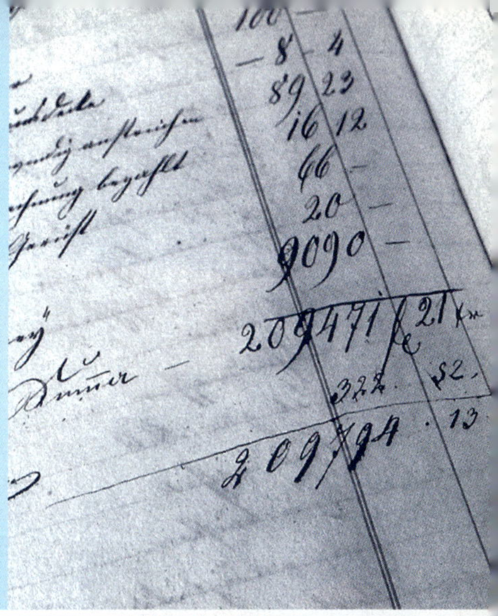

Geburtsstätte der Bavaria: die Königliche Erzgießerei. Beim ersten Guss entstand der 400 Zentner schwere Kopf der Riesin

König Ludwig I. hatte die Idee zu einer Bronzestatue nach antikem Vorbild, und er zahlte: Mehr als 200 000 Gulden hat das kolossale Werk gekostet

Der gigantische Oberkörper der Bavaria wird transportfertig gemacht: Auf einem Tieflader geht es dann 20-spännig von der Gießerei zur Theresienwiese

Als Oktoberfest war, wurde die 18,52 Meter große Statue 1850 enthüllt. Wenn Oktoberfest ist, grüßt die Heroine mit dem Eichenkranz ihr bajuwarisches Volk

Patriot Schwanthaler verpasste Bavaria ein Bärenfell, legte ihr einen Eichenkranz aufs Haupthaar und tauschte den Lorbeer in der Linken ebenfalls gegen Eiche aus.

Am 28. Mai 1837 war mit dem König der Vertrag über die monumentale Gestalt unterzeichnet worden. Leo von Klenze hatte unterschrieben, Schwanthaler sowie der Eisengießer Johann Baptist Stiglmaier und dessen Neffe Ferdinand von Miller. Doch es dauerte bis Ende 1843, dann war das Gipsmodell in Originalgröße vollendet. Die Gießer zerlegten es wieder in Einzelteile, mit denen sich Gießformen herstellen ließen. Doch bevor es zum ersten Guss kam, starb Stiglmaier. Von Miller machte weiter. Am 11. September 1844 begann er mit dem 400 Zentner schweren Kopf, der König war staunender Augenzeuge.

Die Bronzelegierung besteht, das ergaben spätere Analysen, aus 93 Prozent Kupfer, sechs Prozent Zinn und einem Prozent Blei und Zink. Das Erz stammt von jenen türkischen Kanonen, die 1827 ins Flachwasser der Bucht von Navarino auf dem Peleponnes versenkt worden waren, als eine europäische Flotte die Armada des Sultans vernichtet hatte.

Noch ehe die 1560 Zentner wiegende Riesin zur Welt kam, dankte der König im März 1848 wegen einer zierlichen Schönheit mit Namen Lola Montez ab. Für Bavaria machte er seine Privatschatulle nur noch ein bisschen auf. Doch 9000 Gulden pro Jahr reichten nicht für oben und unten – und schon gar nicht mehr für einen neuen Löwen, nachdem der erste zu Bruch gegangen war. Von Miller wäre ums Haar Pleite gewesen, aber Ludwig griff dann doch noch einmal tiefer in seine Ruheständlerkasse.

20-spännig karrten Pferdetieflader im Sommer 1850 die Einzelteile zur Theresienhöhe. Am 9. Oktober – es wäre im 25. Regierungsjahr Ludwigs I. gewesen – fiel unter Kanonendonner die Bretterverkleidung, Bavaria, exakt 18,52 Meter groß, glänzte im Herbstlicht. Natürlich war Oktoberfest: Bier- und Bratwurstschwaden zogen der Heroine in die Nase und ließen dem Löwen beinahe die ehernen Schnurrhaare erzittern. Daran hat sich nichts geändert – bis 2001. Bavaria kränkelte, vor allem lahmte ihr sieben Meter langer Arm. 2000 Wehwechen diagnostizierten die Bronzedoktoren außerdem. Das hohle Weib wurde gereinigt, geschliffen und gegen alle Wetter versiegelt, statt eines Rückgrats bekam es eine neue Wendeltreppe. Jetzt ist es wieder fit, um vieltausendfache Bewunderung zu ertragen und die körperinnere Besteigung bis in den Kopf. Dort stehen zwei Metallsofas zur Rast mit einmaliger Aussicht durch Löcher in den Locken. □

Text: Detlef Vetten, Fotos: Jan Greune

DIE HÖHEN DER GEFÜHLE

München liegt in der platten Au, hat aber die besten Aussichten auf die Berge des Umlands. Die locken die Städter mit allen alpinen Reizen. Und jene lieben sie dafür

Es geht langsam aber lange bergauf zum **BRAUNECK** bei Lenggries und trotz der schließlich 1500 Meter Höhe spielt das alpine Geschehen doch eher im Hintergrund: das **KARWENDEL-MASSIV** jenseits des Isarwinkels

Auf mehr als 1700 Meter führt die Seilbahn auf den **WALLBERG** hoch über Rottach-Egern und dem Tegernsee. Wer den recht sanften Aufstieg zu Fuß unternimmt, entspannt bei einem Weißbier im Panoramarestaurant

VOM GIPFEL BIS ZUR SOHLE

DIE HEIMAT STETS IM BLICK

Höher geht's nicht in Deutschland. Wenn der Kletterer die **ZUGSPITZE** erklommen hat, kann er vom obersten Hausberg nach Norden schauen: Dort liegt sein München

So richtig viele Weltstädte gibt es nicht, die respektable Hausberge vor der Tür haben. Kapstadt und der Tafelberg – pittoresk und nah und doch ein bisschen unnahbar. Rio de Janeiro und der Zuckerhut – ein Solitär inmitten von Favelas. Paris und der Montmartre – das „mont" ist wohl das einzig Hohe an dem Hügel. Berlin, New York und Peking – Fehlanzeige.

Aber München hat, wie der Bayer sagen würde, ordentlich Holz vor der Hütt'n. Nicht nur einen Hausberg hat die Stadt, sondern eine ganze Reihe. Wer bei föhnklarem Wetter auf den Hügel beim Olympiastadion stiefelt und sich, oben angekommen, südwärts wendet, sieht sie zum Greifen nah: die Hausberge Münchens. Im Osten beginnen sie mit dem Wendelstein in den Schlierseer Bergen, dann zacken die Tegernseer am Horizont. Die Benediktenwand ist deutlich zu erkennen als kühner Felsvorbau der Alpen.

Ein Stückerl weiter der Herzogstand und dicht daneben der Heimgarten. Der Blick wandert zu der markanten Spitze des Ettaler Manndls, den sanften Rundungen des Hörnles, rechts schließen sich, als graue Silhouetten, im Hintergrund die höheren Gipfel der Ammergauer Alpen an. Noch ein wenig weiter westlich, und man schaut auf die Allgäuer Alpen. Aber die zählen eigentlich nicht mehr zu den Münchner Hausbergen – wenn man es denn Ernst meint. Und der Münchner meint es Ernst, wenn es um seine Stadt geht, er weiß, wie er seine Hausberge zu behandeln hat.

Wie gute Spezl nämlich. Denn irgendwann findet der aktive Mensch aus der Stadt hinaus in die alpine Welt, müht sich schnaufend Meter um Meter nach oben. Bis er am Gipfelkreuz ist. Er packt die Brotzeit aus und lässt die Beine ins Tal baumeln. Wenn er Glück hat, kann er bis in die Stadt sehen, im Vordergrund die Seen, die Ortschaften und Städtchen, im Hintergrund die City als ein Ensemble von grauer Urbanität. Und der Bergsteiger wird sich erhaben und ein bisschen kühn fühlen. Mit dem Berg als Kumpel an seiner Seite.

Der Hausberg ist auch eine kleine Flucht. Nicht, dass München die Stadt wäre, vor der man partout Reißaus nehmen müsste. Aber manchmal geht selbst einem Münchner seine Heimat auf den Wecker. Wenn am zweiten Wiesn-Wochenende die Italiener über die Stadt hereinbrechen, wenn im Winter der Matsch knöcheltief im Englischen Garten liegt, wenn im Herbst die Nebel so dicht hängen, dass man nicht mehr von der Frauenkirche zum

Die Gipfel der **BENEDIKTENWAND** auf 1800 Meter Höhe (hier im 180-Grad-Panorama) zwischen Lenggries und Kochel. Durchtrainierte erschließen sie per Mountainbike

Rathaus gucken kann – dann muss man raus. In die Berge, wo garantiert keine Italiener grölen, wo der Schnee beim Rodeln oder auf der Skitour puderzuckerweiß stäubt, wo man oberhalb von 1000 Metern in einer seelenerwärmenden Herbstsonne wandert.

Was ein rechter Münchner ist, der hat seinen Lieblings-Hausberg. Ein ganz großer Favorit zum Beispiel ist der Pürschling oberhalb von Unterammergau. Kein spektakulärer Berg. Der Gipfel versteckt sich in einer Kette von anderen Erhöhungen, in der Nähe ist auch noch der Teufelstättkopf (erheblich beeindruckender). Aber der Teufelstättkopf ist nur ein trutziger Felssporn, der Pürschling mit seiner Alpenvereinshütte ist eine Institution. Jeder, der einigermaßen bei Puste ist, kann ihn zu Fuß erklimmen; seit Jahrzehnten ist die Gastronomie als makellos bekannt, und – Pürschling ist eben Pürschling. Manchmal ist die Hütte arg überlaufen. Aber das stört die Leute nicht. Sie kommen immer wieder – als ob sie einem Zwang gehorchten.

Warum? Es ist das Gefühl von Freiheit, Lebenslust, praller Freude am drallen Leben. So ein Ausflug auf den Pürschling kann dann folgendermaßen aussehen: Nehmen wir einmal an, es ist Oktober, ein Samstag, und in der Stadt schafft es die Sonne nicht ganz durch die niedere Wolkendecke. Es ist grau in München und kühl und unwirtlich.

„Wir gehen auf den Berg" heißt der Beschluss. Die Wanderschuhe werden geschnürt, der Rucksack mit einer Brotzeit und Wechselwäsche als Inhalt geschultert. Die Tram bringt die Familie zum Hauptbahnhof, wo jede Stunde ein Zug in Richtung Garmisch abfährt. In Murnau steigen wir in die Bahn nach Oberammergau, in Unterammergau ist Endstation. Wir marschieren durch den Ort in Richtung Süden, vorbei am Gasthof „Stern", vorbei am Friedhof, wir sind auf dem Weg zum Pürschling.

Das Steigen fällt nicht allzu schwer. Anfangs ist der Weg steil, dann wird es flacher, dann mühen wir uns eine jähe Steigung hinauf. Rechterhand fällt der Hang ab, in der Tiefe rauscht ein wilder Bach. Wir erreichen das Lange Tal, eine angenehme Flachpassage. Die Kühe, die hier den Sommer über auf der Alm stehen, sind schon hinunter getrieben worden. Am Ende des Langen Tals setzen wir uns auf ein Paar Baumstümpfe und machen Brotzeit. Wir haben die letzten Wolken unter uns gelassen, es ist bacherlwarm hier oben. Die Berge gleißen im Sonnenlicht. Speck und Spezi schmecken doppelt gut. Wir schnaufen tief durch. Ist das Leben nicht schön?

DIE WAND ZUM HOCHGEHEN

DER STÄDTER WIRD ZUM BERGFEX

Eine Stunde südlich von München rufen die ersten alpinen Berge: der **HERZOGSTAND,** 1700 Meter über dem Walchensee

Es folgen 50 Minuten stoischen Stapfens. Man redet nicht mehr viel, denn das Steigen ist nun ein wenig anstrengend. Nicht so sehr freilich, dass man nicht ab und zu nach oben blicken würde, wo die Pürschlinghäuser auf dem Kamm wie kleine Trutzburgen stehen. Verlockend nah sind sie. Noch eine letzte Rechtskurve, noch die letzten 150 Meter, dann sind wir da. Wir wischen mit einem Handtuch den Schweiß vom Gesicht, wechseln das Hemd und betreten die Terrasse.

Ach, wie oft haben wir hier schon gesessen. Wenn es das Wetter erlaubte, waren wir natürlich draußen auf der Terrasse. Hielten die Nase ins Licht und genossen die Aussicht. Unten das Tal mit Schloss Linderhof, dahinter die höheren Berge der Ammergauer, die Kreuzspitze, der Frieder, die Geierköpfe. Und hinter der Kreuzspitze der breite Buckel der Zugspitze.

Wir waren aber auch schon auf dem Pürschling, da hätte man keinen Hund vor die Tür geschickt. Draußen tobte der Sturm und rüttelte an der Hütte. Wir tranken Kaffee und dachten mit Grausen an den Rückweg ins Tal. Einmal brach ein Gewitter über den Berg herein. Es war, als würde gleich die Welt untergehen. Aber in der Hütte waren wir ja gut aufgehoben. Wir sahen hinaus in das blitzend-donnernde Inferno und sagten: „Wenn es aufhört, gehen wir wieder runter. Wenn nicht, bleiben wir heroben und machen uns einen schönen Abend."

Nach Unterammergau sind wir immer wieder zur rechten Zeit zurück gekommen. Mal waren wir nass oder völlig durchfroren, mal kamen wir schwitzend und im T-Shirt unten an. Aber jedes Mal waren wir – ja wie fühlten wir uns eigentlich?

Der Besuch eines Münchner Hausbergs ist ja keine alpinistische Glanzleistung. Er bringt nicht den großen Rausch der Gefühle. Ob der Münchner nun in Lenggries Ski fährt, am Pürschling rodelt oder auf den Heimgarten wandert: Er will keine Superlative sondern eine verlässliche Zufriedenheit. Und die bekommt er. In Lenggries sind die Hänge steil oder angenehm – je nach Können des Fahrers – und auf den Schnee ist Verlass. Der Skifahrer verbringt einen Tag an der frischen Luft und mit gutem Sport. Wer auf den Pürschling geht, kann die Natur pur genießen, ohne sich den Widrigkeiten zu sehr auszusetzen. Am Ende des Tages ist er wohltuend müde und mit seinem Tun zufrieden. Und der Wanderer auf den Heimgarten hat einen recht langen Weg vor sich (von Ohlstadt bis zur Hütte braucht er gut und gerne drei Stunden), aber er weiß: Er wird ein paar wundervolle Blicke ins Oberland mit nach Hause nehmen. Auf dem Heimgarten fühlt sich der Bergsteiger wie auf einer sicheren Kanzel. Er blickt auf den nahen Staffelsee, dahinter den Starnberger See, den

Ammersee und am Horizont die große Stadt, in die er am Ende des Tages zurückkehren wird.

Die Münchner Hausberge sind wunderbare Gefährten des Stadtmenschen. Wenn er sie denn haben möchte. Es gibt natürlich die Münchner, und das sind nicht wenige, denen die Gipfel im Süden wurscht sind. Doch die wissen gar nicht, was ihnen entgeht. Denn so ein Hausberg steckt voller Überraschungen. Kein Besuch gleicht einem anderen. Es gibt Ausflüge, bei denen alles wie nach Fahrplan abläuft: Abfahrt mit dem Auto, der Parkplatz, die Tour mit Rast in der Hütte oder Brotzeit unterm Gipfelkreuz, Abstieg, Rückfahrt, ein wundervolles heißes Bad. Dann die Stau-Variante: Ganz München scheint in die Berge zu wollen, und die Autobahnen sind dicht. Stau auf dem Hinweg, Stau auf der Rückfahrt; trotzdem gute Laune nach der Tour. Oder die Abenteuer-Version: Das Wetter ist scheußlich, der Schnee ist gräuslig, die Hütte hatte wider Erwarten geschlossen – nun ja, auch das kann es geben, Schwamm drüber.

Wer seinen Hausberg besucht, kommt, so scheint es, mit allen Widrigkeiten zurecht. Er weiß ja, dass beim nächsten Mal alles wieder mit rechten Dingen zugehen wird. Er weiß, dass ein Hausberg das Recht hat, sich im schlechten Licht zu präsentieren. Von der guten Seite ist er ja bekannt. Und wichtig ist ja unter anderem das Runterkommen. Wer oben gewesen ist, steigt in aller Ruhe ab. Wie zum Beispiel beim Exkurs auf den Pürschling. Wir trinken den letzten Schluck Radler, greifen uns die Rucksäcke und schlendern zu Tal.

Es redet sich gut bei dieser Art von Fortbewegung, es wird viel gelacht. Kurz bevor wir unten sind, machen wir noch einen Abstecher durch die Klamm, die sich mit Urgewalt in die Felsen gefräst hat. Es rauscht und tobt und gurgelt. Dann sind wir am Ausgang dieses Engpasses, marschieren am Friedhof vorbei ins Dorf. Mittlerweile hat sich die Sonne durch die Wolken gekämpft, das Tal zeigt sich in den prachtvollsten Herbstfarben.

Wir kommen zum „Stern“. Haben wir nicht noch Zeit bis zum nächsten Zug nach Murnau? Freilich. Wir kehren ein. Die Männer am Stammtisch sehen uns mit einem lächelnden Wissen an. Einer fragt: „Schee war‘s scho, oder?“ Schön war es schon? Schön ist es immer, wenn man seinem Hausberg einen Besuch abstattet. □

Detlef Vetten, *Jahrgang 1958, ist Oberbayer, Ausdauersportler und Lokalchef der Münchner* Abendzeitung.

Berge hin, Berge her: Wer Weg und Steigung scheut, kommt immer noch zum erfrischenden **AMMERSEE**

EIN LAND LÄDT ZUM VERGNÜGEN

1
4
5
10
15
7
6
18
16
8
14
17
9
13
2

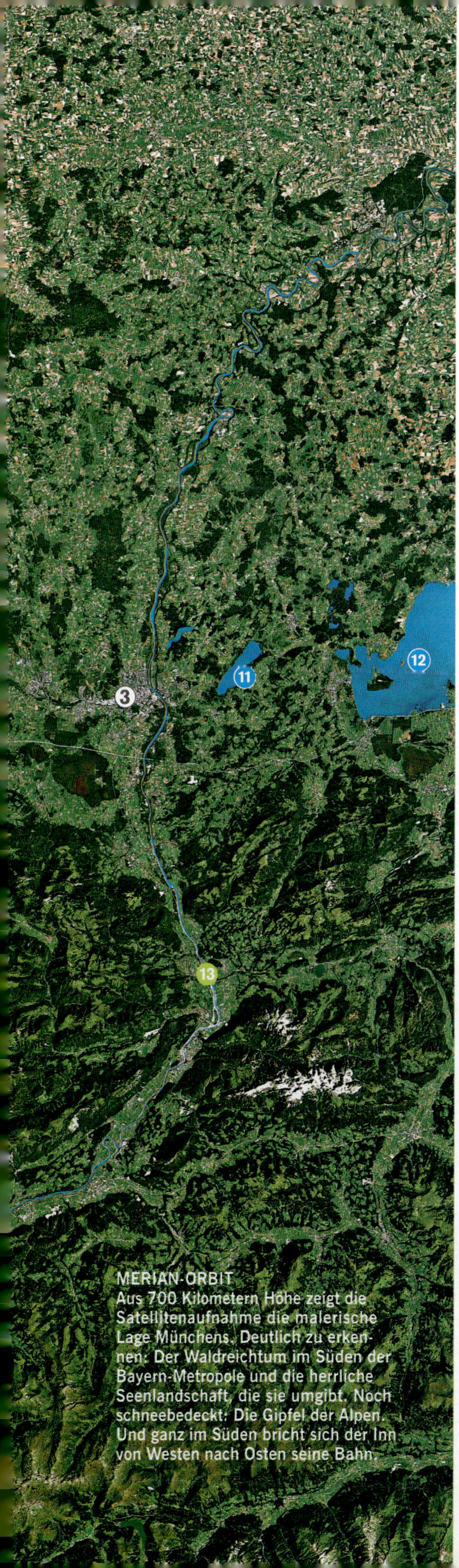

MERIAN-ORBIT
Aus 700 Kilometern Höhe zeigt die Satellitenaufnahme die malerische Lage Münchens. Deutlich zu erkennen: Der Waldreichtum im Süden der Bayern-Metropole und die herrliche Seenlandschaft, die sie umgibt. Noch schneebedeckt: Die Gipfel der Alpen. Und ganz im Süden bricht sich der Inn von Westen nach Osten seine Bahn.

EINE STADT MIT HINTERGRUND

STÄDTE

① München (im Norden der Flughafen)
② Innsbruck (im Norden das Karwendelgebirge)
③ Rosenheim

SEEN

④ Ammersee. Sehenswert: Kloster Andechs bei Herrsching
⑤ Starnberger See. Sehenswert: Lothar-Günther Buchheims Museum in Bernried
⑥ Forggensee
⑦ Staffelsee (östlich der Riegsee). Sehenswert: Das Münterhaus in Murnau, wo Gabriele Münter und Kandinsky, lebten
⑧ Walchensee (nördlich der Kochelsee). Sehenswert: Franz-Marc-Museum in Kochel
⑨ Achensee (Österreich)
⑩ Tegernsee (östlich der Schliersee). Sehenswert: Grabstätten von Ludwig Thoma und Ludwig Ganghofer in Rottach-Egern
⑪ Simssee
⑫ Chiemsee. Sehenswert: Kloster Frauenwörth, Schloss Herrenchiemsee

FLÜSSE

⑬ Inn
⑭ Isar mit Sylvensteinstausee

Die Münchner Hausberge sind mit dem Auto in rund einer und mit dem Zug in anderthalb Stunden zu erreichen:

⑮ DAS BRAUNECK

bei Lenggries. Beliebt als Wanderziel. Bergauf dauert die Tour zwei Stunden. Sie können aber auch die Seilbahn benutzen und gemütlich ins Tal wandern. Oder Sie nehmen eine sportliche Herausforderung an und marschieren auf dem Gipfelkamm hinüber zur Benediktenwand und hinunter nach Benediktbeuren. Das ist eine Tagestour für Geübte. Das Brauneck ist eines der schönsten Skigebiete vor den Toren Münchens, 1555 Meter hoch.

⑯ HEIMGARTEN UND KROTTENKOPF

Den Heimgarten (1790 m) besteigen Sie von Ohlstadt aus, den Krottenkopf von Oberau (beide Orte haben Bahnstationen, Fahrtdauer von München aus eine gute Stunde). Beide Wege sind durchaus anstrengend, doch oben am Berg wartet im Sommer eine urige Hütte, in der Sie rasten und sich stärken können. Phantastische Fernblicke ins Oberland bis nach München.

⑰ GARMISCH UND DIE ZUGSPITZE

Ein Bergparadies schlechthin. Spazierengehen, wandern, klettern, Ski fahren: Hier haben Sie alles, was das Herz begehrt. Ein Highlight ist der lange Marsch auf die Zugspitze: entweder auf relativ einfachen Pfaden in zehn Stunden durchs Rheintal oder auf einem Klettersteig (nur für wirklich Geübte) durchs Höllental. Auch diese Tour dauert rund zehn Stunden. Wer gar nicht gehen mag, nimmt die Zahnradbahn zum Schneeferner-Gletscher, von dort fährt eine Seilbahn auf den Gipfel und zurück.

⑱ DAS AMMERGEBIRGE

Vor allem Ziele für Wanderer und Skitouren-Geher. Beliebteste Berge: der Kofel bei Oberammergau (kurze, aber imposante Tour mit leichter Kletterei am Ende); der Pürschling bei Unterammergau (rund zwei Stunden Anstieg, einfach); das Hörnle bei Bad Kohlgrub (eine Stunde bis zur Berghütte); die Kreuzspitze hinter Linderhof (drei Stunden, anstrengend, für versierte Bergwanderer).

Bildnachweis

Anordnung im Layout: o = oben, u = unten, r = rechts, l = links, m = Mitte. Titel: Duccio Malagamba; S. 3 ol Michael Müller; S. 4/5 Ingrid Firmhofer; S. 6 o Peter Kneffel/picture-alliance/dpa, ul Stadtarchiv München, ur Peter Heigl; S. 8 o BMW, mr I. Firmhofer, ul Walter Höfler, ur Wandel-Hoefer-Lorch; S. 10 o PR, m PR, ur Stefan Rumpf/SV-Bilderdienst; S. 12 o Gerald Hänel/GARP, m Josef-Heinrich Darchinger, u Werner Huthmacher; S. 16 Peter Rigaud/Ag. Focus; S. 17 I. Firmhofer; S. 18-24 G. Hänel/GARP; S. 25 Hans Madej; S. 26/27 G. Hänel/GARP; S. 28/29 H. Madej; S. 30 I. Firmhofer; S. 32 G. Hänel/GARP; S. 34 Catherina Hess; S. 38-40 G. Hänel; S. 41 I. Firmhofer; S. 42-44 G. Hänel; S. 45-50 I. Firmhofer; S. 52-54 Pierre Adenis/Gaff; S. 56-62 Herlinde Koelbl; S. 64 Jörg Koch/ddp; S. 66 Johannes Simon/ddp; S. 68/69 Enno Kapitza/Ag. Focus; S. 70 Papu Pramod Mondhe; S. 71 o E. Kapitza/Ag. Focus, S. 71 u - 72 G. Hänel; S. 73 o J. Koch/ddp, S. 73 u - 74 I. Firmhofer; S. 75-76 E. Kapitza/Ag. Focus; S. 78-80 G. Hänel; S. 82 FoodPhotography/Stockfood; S. 84-90 G. Hänel; S. 91 Jan Schwochow/Infographic; S. 92-97 G. Hänel; S. 100 Horst A. Friedrichs; S. 110 Jan Greune/Look, S. 112 Peter Ginter/Bilderberg; S. 116-119 Yadid Levy/Anzenberger; S. 120 I. Firmhofer; S. 121 Myrzik + Jarisch; S. 124 Bayerische Verwaltung der staatlichen Schlösser, Gärten und Seen; S. 124/125 Giovanne Simeone/Huber; S. 125 Bayerische Verwaltung der staatlichen Schlösser, Gärten und Seen; S. 126 Hermann Dobler; S. 126/127 Bayerische Verwaltung der staatlichen Schlösser, Gärten und Seen; S. 127-128 H. Dobler; S. 130 I. Firmhofer; S. 131 ol akg-images, or SV-Bilderdienst, ul ullstein-Imagno, ur Andreas Riedmiller/ullstein-Caro; S. 132-142 J. Greune; S. 144/145 Planetobserver.com M-sat; S. 147 Mandarin Oriental Munich; S. 148 I. Firmhofer; S. 148/149 Franz Marc Frei; S. 150 o G. Hänel/GARP; S. 150 u I. Firmhofer; S. 152 G. Hänel/GARP; S. 153 J. Simon/ddp; S. 154/155 I. Firmhofer; S. 156 Franz Marc Frei; S. 157 G. Hänel/GARP; S. 159 Andreas Heddergott/SV-Bilderdienst; S. 160 Y. Levy/Anzenberger; S. 161 GourmetPicture Guide; S. 164/165 Y. Levy/Anzenberger; S. 166-167 GourmetPictureGuide; S. 168 PR; S. 172-173 PR; S. 174-178 H. Madej; S. 182 o - u ullstein-bild; S. 186 or Alexander Walter/gettyimages; ol Peter Hirth; m Carlo Borlenghi/ASA/picture-alliance

Duccio Malagamba fotografierte Münchens neues Wahrzeichen: Die Allianz Arena, hier im roten Glanz des FC Bayern

MERIAN

Heft 6/2006, Juni, Erstverkaufstag dieser Ausgabe ist der 24. 05. 2006
MERIAN erscheint monatlich im Jahreszeiten Verlag GmbH, Poßmoorweg 5, 22301 Hamburg
Tel. 040/27 17-26 00, Fax 040/27 17-26 28 **Anschrift der Redaktion:** Poßmoorweg 2, 22301 Hamburg
Postfach 130444, 20139 Hamburg, E-Mail: Redaktion@Merian.de, Tel. 040/27 17-0
Website: www.merian.de **Leserservice:** Postfach 601220, 22212 Hamburg
Tel. 040/87 97 35 40, Fax 040/27 17-20 79 **Syndication:** www.jalag-syndication.de
GourmetPictureGuide: Stefanie Lüken, Tel. 040/271 720 02, Fax 040/27 17 20 89, www.gourmetpictureguide.de

Herausgeber: Manfred Bissinger
Chefredakteur: Andreas Hallaschka
Art Directorin: Sabine Lehmann **Chefs vom Dienst:** Tibor M. Ridegh, Klaus Kube (freie Mitarbeit)
Redakteure: Roland Benn (freie Mitarbeit), Anja Haegele (freie Mitarbeit),
Thorsten Kolle (freie Mitarbeit), Kathrin Sander, Charlotte von Saurma
Schlussredaktion: Tibor M. Ridegh, Jasmin Wolf
Layout: Cornelia Böhling, Ingrid Koltermann, Dorothee Schweizer (stellv. Art Directorin)
Bildredaktion: Hanni Rapp, Eva M. Ohms, Lars Lindemann (freie Mitarbeit), Petra Mellmann (freie Mitarbeit)
Redakteur dieses Heftes: Andreas Hallaschka **Bildredakteurin dieses Heftes:** Eva M. Ohms
Kartographie: Peter Münch **Dokumentation:** Jasmin Wolf,
Sebastian Schulin (freie Mitarbeit), Andrea Wolf (freie Mitarbeit)
Mitarbeit: Jan Biener, Anke Döpke, Helmut Golinger **Herstellung:** Karin Harder
Redaktionsassistenz: Sabine Birnbach, Katrin Eggers
Geschäftsführung Premium Magazine: Peter Rensmann **Verlagsleitung Premium Magazine:** Oliver Voß
Group Head Anzeigen Premium Magazine: Roberto Sprengel **Anzeigenleitung:** Christel Janßen
Anzeigenstruktur: Patricia Hoffnauer **Marketing:** Kenny Machaczek, Ulrich Rieger, Sonja Wünkhaus
Vertriebsleitung: Jörg-Michael Westerkamp (Zeitschriftenhandel), Uwe Distelrath (Buchhandel)
Verantwortlich für den redaktionellen Inhalt: Andreas Hallaschka
Verantwortlich für Anzeigen: Roberto Sprengel
Verlagsbüros Inland:
Hamburg: Tel. 040/27 17-25 95, Fax -25 20, E-Mail: vb-hamburg@jalag.de
Berlin: Tel. 030/80 96 23-60, Fax -70, E-Mail: vb-berlin@jalag.de
Hannover: Tel. 0511/85 61 42-0, Fax -19, E-Mail: vb-hannover@jalag.de
Düsseldorf: Tel. 0211/901 90-0, Fax -19, E-Mail: vb-duesseldorf@jalag.de
Frankfurt: Tel. 069/97 06 11-0, Fax -44, E-Mail: vb-frankfurt@jalag.de
Stuttgart: Tel. 0711/966 66-520, Fax -22, E-Mail: vb-stuttgart@jalag.de
München: Tel. 089/99 73 89-30, Fax -44, E-Mail: vb-muenchen@jalag.de

Repräsentanzen Ausland:
Basel: Intermag AG, Tel. +4161/275 46-09, Fax -10, E-Mail: info@intermag.ch
London: The Powers Turner Group, Tel. +44 20/7630 99 66 Fax 76 30 99 22, E-Mail: cweiss@publicitas.com
Mailand: Media & Service International Srl, Tel. +39 02/48 00 61 93, Fax 48 19 32 74, E-Mail: info@it-mediaservice.co
Paris: International Magazine Company, Tel. +331/53 64 88 91, Fax 45 00 25 81, E-Mail: imc@international.fr
Madrid: Alcála Media International Media Representation, Tel. +34 91/326 91 06, Fax -07, E-Mail: alcalamedia@retemail
Wien: Publimedia Internationale Verlagsvertretungen GmbH, Tel. +43 1/21530, Fax 2121602,
E-Mail: ppn-vienna@publicitas.com
New York: The Russell Group Ltd., Tel. +12 12/213 11-55, Fax -60, E-Mail: info@russellgroupltd.com

Die Premium Magazin Gruppe im Jahreszeiten Verlag

A&W Architektur & Wohnen · COUNTRY · DER FEINSCHMECKER · WEIN Gourmet · MERIAN

Gültige Anzeigenpreisliste: Nr. 38
Das vorliegende Heft Juni 2006 ist die 6. Nummer des 59. Jahrgangs. Diese Zeitschrift und die einzelnen Beiträge

Preis im Abonnement im Inland monatlich 6,37 € inklusive Zustellung frei Haus. Der Bezugspreis enthält 7 % Mehrwertsteuer.
Auslandspreise auf Nachfrage. Postgirokonto Hamburg 132 58 42 01 (BLZ 200 100 20)
Commerzbank AG, Hamburg, Konto-Nr. 611657800 (BLZ 200 400 00)
Führen in Lesemappen nur mit Genehmigung des Verlages. Printed in Germany

Weitere Titel im Jahreszeiten Verlag: Für Sie, petra, vital, PRINZ, A&W Architektur & Wohnen,
COUNTRY, DER FEINSCHMECKER, WEINGourmet, schöner reisen, ZUHAUSE WOHNEN, selber machen
Litho: Alphabeta Druckformdienst GmbH, Hamburg. Druck und Verarbeitung: heckel GmbH, Nürnberg,
ISBN: 3-8342-0606-7, ISSN 0026-0029 MERIAN (USPS No. 011-458) is published monthly. The subscription price f
the USA is $ 110 per annum. K.O.P.: German Language Publications, Inc., 153 South Dean Street, Englewood NJ 0763
Periodicals postage is paid at Englewood NJ 07631, and at additional mailing offices. Postmaster: send address
changes to: MERIAN, German Language Publications, Inc. 153 South Dean Street, Englewood NJ 07631.

JAHRES ZEITEN VERLAG

Ein Unternehmen der
GANSKE VERLAGSGRUPPE

MERIAN

INFO-STAND April 2006 | TEXTE **Anja Haegele** | MITARBEIT **Jan Kirsten Biener**

Top Tipps

Das sollten Sie auf keinen Fall versäumen!

1. Allianz-Arena
Auch wenn Sie Fußball nicht mögen: Das Ei von Fröttmaning ist ein überirdisches Erlebnis. Und wenn Sie dann noch Fußball mögen …

2. Pinakothek der Moderne
Architektur bis Design, Grafik bis Werkbank: Kunst des 20. Jahrhunderts in einem Gebäude, das selbst ein Kunstwerk ist

3. Nymphenburg
In der Sommervilla der Kurfürsten lebt noch heute die heitere Aura großer Festlichkeiten

4. Die Residenz
Wohnhaus der bayerischen Herrscher. Höhepunkt der Pracht: das Antiquarium

5. Englischer Garten
Ein Segen: Wald, Wiese, Bach und Fluss. Und all die schönen Menschen

Hoch-Wasser: München und Spiegelbild, gesehen vom Pool auf dem Dach des Hotels Mandarin Oriental

MERIAN | BEST OF

Gipfelstürmer auf dem Olympiadach

Die transparente, spielerisch-geschwungene Architektur des Olympiastadions für die „heiteren Spiele" von 1972 sollte sich ganz bewusst von den pompösen Nazibauten der Berliner Vorkriegs-Olympiade abheben. Besucher können die Zelt-Konstruktion jetzt aus einer ziemlich luftigen Perspektive besichtigen: Bei einer geführten Klettertour auf dem Stadiondach. Für Schwindelige ist das nichts, obwohl alle Teilnehmer Sportschuhe mitbringen müssen, angeseilt werden, und sich mit Hilfe eines Karabiners entlang eines festen Drahtseils bewegen. Der spektakuläre Blick geht an klaren Tagen bis zu den Alpen. Vor allem aber nach unten, durch die 8300 Plexiglasscheiben, die Architekt Günter Behnisch auf die wie ein antikes Amphitheater in die Erde gelassene, 75 000 Menschen fassende Betonschüssel gesetzt hat. Die zweistündige Klettertour wird ab April täglich um 14.30 Uhr angeboten, im Winter nur nach Voranmeldung. Treffpunkt:
(A/B 1) Olympiastadion Kasse Nord, Tel. 30 67 24 14
www.olympiapark-muenchen.de
Wochentags 25 €, Sa, So und Feiertags 30 €

Zum Abheben: Auf dem Zeltdach kann man jetzt klettern

(C 6) Asamkirche

Zwischen Baukunst und Barockkitsch: Die Asamkirche in der Sendlinger Straße, eine der prunkvollsten europäischen Rokoko-Kirchen, glänzt innen wie außen: Verzierungen wo das Auge hinblickt, sehr viel Gold und das berühmte Deckenfresko mit der Geschichte des heiligen Nepomuk. Die heutige Asamkirche ist ein detailgenauer Wiederaufbau des während des Zweiten Weltkrieges zerstörten Gotteshauses.
Sendlinger Straße 32
Mo, Di, Do 8-17, Mi 9.30-18, Fr 8-18, Sa 8-15, So 13-17.30 Uhr

(C 1) BMW-Hochhaus und BMW-Museum

Gleich neben dem Olympiagelände, auf der anderen Seite des Mittleren Rings, ragt der „Vierzylinder", das BMW-Hochhaus, empor. Mit knapp 100 Metern ist der BMW-Verwaltungssitz von 1973 mit seiner schmucken Aluminium-Fassade nur wenig höher als die Frauenkirche. Das benachbarte BMW-Museum wird bis zum Sommer 2007 vollständig umgebaut. Mit rund 100 Originalfahrzeugen zeigt es dann eine weltweit einzigartige Gesamtschau aller Autos, Motorräder und Flugmotoren der Marke BMW, vom legendären „Dixi" aus den 20er-Jahren bis zum Formel-Eins-Boliden. In 25 Ausstellungsbereichen geht es außerdem um Themen wie Design, Technik und Motorsport.
Petuelring 130 *(ab 2007)*
www.bmw-museum.de
Bis zur Fertigstellung des neuen Museums ist ein Teil der Ausstellung zu sehen unter folg. Adresse:
Spiridon-Louis-Ring 7
tgl. 10-20 Uhr; Eintritt 2 €

Der Prunk des Rokoko: Das Cuvilliés-Theater mit vier Logen-Reihen

(D 5) Frauenkirche

Der Dom zu München, das Wahrzeichen der Stadt: Die beiden Türme mit ihren grünlichen Kuppeln ragen 99 Meter in die Höhe, in der Münchner Innenstadt darf nichts höheres gebaut werden. 1468 war die Grundsteinlegung, 1525 wurde die „Domkirche zu Unserer Lieben Frau" vollendet. Der Südturm der fast fensterlosen Kirche – der gewaltige Innenraum wird durch das Chorfenster mit Licht durchflutet – kann von Besuchern erklommen werden.
Frauenplatz 1
Sa-Mi 7-19, Do bis 20.30 Fr bis 18 Uhr, Turmauffahrt April bis Oktober 10-17 Uhr

(C 4) Königsplatz

Antike aus dem Jahr 1817: Leo von Klenze schuf den Königsplatz nach dem Vorbild der Akropolis. In der Nazizeit kamen monumentale Neubauten hinzu, der Platz wurde für zentrale Aufmärsche in der „Hauptstadt der Bewegung" genutzt. Heute ist er beliebt bei den Studenten, die auf den Stufen vor der Glyptothek die Sonne genießen. Die Sockel der gesprengten NS-Bauten sind von Pflanzen überwuchert, nur eine kleine Tafel erinnert an die Entfremdung im Dritten Reich.

(B 9) KZ-Gedenkstätte Dachau

Dachau, wenige Kilometer nordwestlich von München, früher einmal als Künstlerkolonie bekannt, ist für viele heute noch Synonym für die menschenverachtenden Verbrechen des Dritten Reiches. Mehr als 40 000 Opfer starben in dem bereits 1933 als erstes KZ errichteten Lager.
Alte Römerstraße 75
www.kz-gedenkstaette-dachau.de
Di-So 9-17 Uhr

Die Planquadrate mit großen Lettern beziehen sich auf die große MERIAN-Karte auf Seite 179

(D 4/5) Ludwigstraße
König Ludwig I. (1786-1868) wollte aus München ein Isar-Athen machen. Als Vorbild für den Prachtboulevard zwischen Siegestor und Feldherrnhalle allerdings wählte Baumeister Leo von Klenze Florenz. Sehenswert an der „Straße der Wissenschaften" sind außerdem Staatsbibliothek, Universität und Ludwigskirche.

(D 5/6) Marienplatz
Der Platz mit der höchsten Kameradichte Münchens. Blicke und Fotolinsen richten sich täglich tausendfach auf die Fassade des neogotischen Rathauses und das Glockenspiel an seinem mittigen Turm, das jeden Vormittag um 11 und 12 Uhr die Touristen entzückt.

(D 5-E 6) Maximilianstraße
Hermès, Bulgari, Gucci, Dior. Auf den Parkplätzen Porsche und Allrad-Jeeps der Luxus-Marken. Nobel und teuer muss es sein, in der Lieblingsstraße der Münchener Schickeria. Edle Boutiquen, schicke Cafés und das Hotel Vier Jahreszeiten. Dazwischen Nationaltheater, Kammerspiele und das Völkerkundemuseum. Am Ostende direkt hinter der Maximiliansbrücke thront das Maximilianeum (beherbergt den Bayerischen Landtag) über dem 1851 angelegten Luxusboulevard.

(D 5) Odeonsplatz
Auf der einen Seite der Eingang zum Hofgarten, auf der anderen die barockgelbe Fassade der Theatinerkirche, in der Mitte die pompöse Feldherrnhalle von 1844, errichtet zur Ehre des bayerischen Heeres. Rund um den Platz gibt es einige schöne Cafés, darunter das Caféhaus Tambosi aus dem Jahr 1775. In den Arkaden zum Hofgarten eine Münchner Institution: Schumann's Bar.

(D 5) Residenz
Das Stadtschloss der Wittelsbacher am Max-Joseph-Platz, 1385 als kleine Festung erbaut, schrittweise erweitert und bis 1918 Wohn- und Regierungssitz der bayerischen Könige. Um sieben Höfe gruppiert sich das Ensemble, Bauten und Innenräume spiegeln die Architekturgeschichte von der Spätrenaissance über das Rokoko bis zum Klassizismus. Vieles wurde bei Bombardierungen im Zweiten Weltkrieg zerstört, doch der Wiederaufbau ließ den größten Teil der Räume im alten Glanz erstrahlen. Das Cuvilliés-Theater gilt als schönstes noch erhaltenes Rokoko-Theater, im Herkulessaal finden regelmäßig exklusive Jazz- und Klassikkonzerte statt – beste Akustik bis in die letzte Reihe.
Residenzstraße 1
April-15.Okt. tägl. 9-18 Uhr
Okt.-März tägl. 10-16 Uhr; 5 €

(B 10) Schloss Nymphenburg
Die weitläufige Sommerresidenz der bayerischen Kurfürsten und Könige ist sommers wie winters ein Publikumsmagnet. Das Schloss beherbergt zahlreiche Museen. Der riesige, barocke Schlosspark ist nach dem Englischen Garten die schönste Grünanlage der Stadt. Tipp: Auch die Lustschlösschen im Park sind fürs Publikum geöffnet.
April bis 15. Okt. tägl. 9-18 Uhr
16. Okt.-März 10-16 Uhr
5 €, der Eintritt in den Park ist frei

(D 5) Theatinerkirche
Die Barockkirche am Odeonsplatz wurde ab 1663 errichtet, heißt eigentlich St. Kajetan, trägt ihren Namen aber, weil sie dem Haupthaus des Theatinerordens in Rom nachempfunden wurde. Die gelbe Fassade ist eines der Wahrzeichen der Stadt.
Theatinerstraße 22

Lenbachhaus: Renaissance-Villa mit einzigartiger Sammlung

MERIAN | BEST OF

Valentin-Karlstadt-Musäum

Deutschlands einziges Musäum erinnert in jedem Detail (zum Beispiel auch den Öffnungszeiten) an den skurrilen Münchner Komödianten Karl Valentin und seine Partnerin Liesl Karlstadt. Die Kuriositäten-Schau im Isartorturm umfasst Stücke wie Valentins „Winter-Zahnstocher" (der einen kleinen Pelz trägt) und eine „Wunderschöne Schneeplastik", die leider geschmolzen ist, weshalb im Ausstellungsraum nur ein Eimer Wasser zu sehen ist. Außerdem wird, zum Beispiel, der Nagel ausgestellt, an den Valentin seinen gelernten Beruf (Schreiner) hängte, um Volkssänger und Komödiant zu werden.
Sehr nett ist das Café im Turmstüberl, das von der stadtbekannten Ulknudel Petra Perle geführt wird. Jeden ersten Freitag im Monat treten dort Künstler und Kabarettisten auf, die im Sinne Valentins wirken.
(D 6) Isartor, Tal 50
www.valentin-musaeum.de
Mo, Di 11.01-17.29
Fr, Sa 11.01-17.59 Uhr
So 10.01-17.59 Uhr
1,99 €, Kinder 1,49 €

MUSEEN

(C 4) **Alte Pinakothek**
siehe S. 122

(E 5) **Archäologische Staatssammlung**
Seit mehr als 120 000 Jahren leben Menschen in Bayern. Die Spuren, die sie dabei hinterließen, sind heute in der Archäologischen Staatssammlung zu sehen: Kult- und Kunstgegenstände aus der Jungsteinzeit, Glasvasen, Mosaikböden und Waffen der Römer, Schmuck – sowie eine Moorleiche aus dem Mittelalter, um nur die wichtigsten Stücke zu nennen.
Lerchenfeldstraße 2
www.archaeologie-bayern.de
Di-So 9.30-16.30 Uhr; 6,50 €

(E 5) **Bayerisches Nationalmuseum**
Eine wahre Schatzkammer bayerischen Kunstgewerbes: Musikinstrumente, Tafelsilber, Porzellan und Kirchenschmuck vom Mittelalter bis zum Jugendstil der Jahrhundertwende. Sehenswert ist aber auch die volkskundliche Abteilung mit originalgetreu nachgebauten Bauernstuben aus dem 17. und 18. Jahrhundert und die große Sammlung historischer Weihnachtskrippen aus dem Alpenraum.
Prinzregentenstraße 3
www.bayerisches-nationalmuseum.de; *Di, Mi, Fr-So 10-17*
Do 10-20 Uhr; 3 €

(D/E 6) **Deutsches Museum**
siehe S. 159

Denkmal für ein Münchner Original: Karl Valentin

(C 4) **Glyptothek**
Die Glyptothek, 1830 eröffnet, von Leo von Klenze wie ein antiker Tempel als ein Teil des Königsplatzes entworfen, beherbergt eine formidable Sammlung antiker Skulpturen.
Königsplatz 3
www.antike-am-koenigsplatz.mwn.de *Di-So 10-17 Uhr*
Do 10-20 Uhr; 3,50 €

(E 5) **Haus der Kunst**
Am Südrand des Englischen Gartens, eröffnet in den 30er Jahren als erster repräsentativer Monumentalbau des Dritten Reichs. Heute ist das ehemalige „Haus der Deutschen Kunst" ein Besuchermagnet. Der Schwerpunkt der wechselnden Großausstellungen liegt auf zeitgenössischer und avantgardistischer Kunst. Mit Nachtprogrammen, Filmen und DJ-Events werden vor allem auch jugendliche Besucher in das Museum gelockt.
Prinzregentenstraße 1
www.hausderkunst.de
Mo-So 10-20 Uhr
Do 10-22 Uhr; 7 €

(C 4) **Lenbachhaus**
Die ehemalige Residenz des Malers Franz von Lenbach. Im florentinischen Renaissance-Stil Ende des 19. Jahrhunderts errichtet, später im Besitz der Stadt München in ein Museum umgewandelt. Vor allem bekannt wegen der einzigartigen Sammlung von Werken der Künstlergruppe des Blauen Reiter. Aber auch wegen seiner Exponate von Beuys und Richter. Über den Gleisen der U-Bahnstation Königsplatz hat das Lenbachhaus einen weiteren Ausstellungsraum, den „Kunstbau", der moderner Kunst gewidmet ist.
Luisenstraße 33
www.lenbachhaus.de
Di-So 10-18 Uhr; 6 €

(C/D 4) **Neue Pinakothek**
siehe S. 122

(D 4) **Pinakothek der Moderne**
siehe S. 122

fé Wörner
rzogspitalstraße 9

Weinhaus Neuner
Herzogspitalstraße 8

Mode Urban
Altheimer Eck 15

Der Völkel - Badobjekte
Damenstiftstraße 6

ns Kaltenbach
rzogspitalstraße 4

Schachinger Künstlerbedarf
Josephspitalstraße 6

Weinhandel Esser
Altheimer Eck 13

Herkert Herrenausstatter
Eisenmannstraße 4

Bottles Glashaus
Josephspitalstraße 1

Eine Fundgrube für historisch Interessierte: Bayerns Krone 1806 – 200 Jahre Königreich Bayern. Hirmer Verlag, 34,50 Euro

MERIAN | MUSIK

München klingt

Top-Ensembles spielen Klassik von Weltklasse

Klassik in München? Klasse! München ist das Musikanten-Stadl der Republik, drei Orchester spielen in der ersten europäischen Liga. In München genießt große Musik alle Privilegien herrschaftlicher Prachtentfaltung.
Stolz prunkt das **Nationaltheater** am Max-Josephs-Platz, große Oper mit Auffahrt für Nobelkarossen und robentauglicher Showtreppe. Die **Bayerische Staatsoper** nennt sich stolz das produktivste Opernhaus der Welt, lockt mehr als eine halbe Million Besucher in mehr als 300 Vorstellungen jährlich, bei einer Auslastung von 95 Prozent. München klingt. München ist Musik. Es ist absolut nichts Ungewöhnliches, dass an einem Wochenende eine Opernpremiere und zwei bis drei Konzerte von Weltklasseorchestern gegeben werden, ein gutes Dutzend internationale Stars und Virtuosen auf der Durchreise spielen und außerdem große Chöre oder fulminante Kammermusik zu hören sind.
Münchens Musikszene ist lebendig. Die erfrischend inszenierten Barockopern sind alles andere als verschnarcht, Traditionen wie die Akadamiekonzerte des Stadtorchesters erfahren liebevolle Pflege, woran auch der Wechsel von Maestro Zubin Mehta zu Maestro Kent Nagano nichts ändern wird. Im **Herkules-Saal** und im **Prinzregententheater,** das 1901 nach dem Vorbild des Richard-Wagner-Festspielhauses erbaut wurde, pulst das Konzertleben. Hörenswert, nicht nur wegen der Akustik: Die Kammerkonzerte in der **Allerheiligen Hofkirche** der Residenz.
Die Akustik des **Gasteig** ist leider weniger berühmt. Als Event-Terminal für einfliegende Superstars ist der Glas-Klinkerbau mit mehr als 1700 Veranstaltungen im Jahr denoch ohne Vergleich. Was aussieht wie Niedersachsens größte Sparkasse, dient vor allem als Arena für Heimspiele der **Münchner Philharmoniker,** Münchens Premiumklangkörper. Generalmusikdirektor Christian Thielemann wurde in der Fankurve der Kritik sogar schon mit Furtwängler verglichen, denn er trifft einen angedunkelten, spezifisch deutschen Ton, den nur noch wenige Orchester anstimmen.
Sowieso ist München nicht nur Stadt der Musik sondern auch der Musikkritik, die hier so einflussreich ist, wie in sonst keiner deutschen Stadt. München galt jahrzehntelang als der Ort, in der ein Pianist sein Glück oder sein Unglück findet, die Entscheidung darüber fällte Prof. Joachim Kaiser von der „Süddeutschen Zeitung". Er war es auch, der den Münchner Philharmonikern jüngst höchstes Lob zuteil werden ließ. Falls abends alle Karten der Philharmoniker weg sind: Im **Kleinen Konzertsaal** sind die Studierenden des Richard-Strauss-Konservatoriums mit Mittags- und Ladenschlusskonzerten zu hören. Und wer die Familie dabei hat, sollte „Jugend horcht" im Blick haben. Es lockt pro Jahr rund 20 000 Kinder und Jugendliche in den Kulturbunker.
Das **Symphonieorchester des Bayerischen Rundfunks** ist der dritte Münchner Klangkörper, der in der internationalen Topliga spielt. Nach Lorin Maazel ist jetzt der Lette Mariss Jansons Chefdirigent. Klein aber überaus fein ist dagegen das **Münchner Kammerorchester**. Das preisgekrönte Orchester verbindet in seinen Konzerten – überaus spannend – Traditionspflege mit Neuer Musik und spielt auch an ungewöhnlichen Orten wie der Pinakothek der Moderne.
Ein Höhepunkt des Münchner Musiklebens ist der **ARD-Musikwettbewerb,** einer der größten dieser Art weltweit. Jedes Jahr werden über hundert junge Künstler eingeladen. Die Veranstaltungen sind, bis auf Semifinale und Finale, kostenlos, packender als jede Casting-Show und bieten – typisch München – höchsten internationalen Standard. *Emanuel Eckardt*

Ein Tempel für großes Musikdrama: Die Bayerische Staatsoper

(D 5) Bayerische Staatsoper
Max-Joseph-Platz 2
Karten: Tel. 21 85 19 20
www.bayerische-staatsoper.de
Münchner Opern-Festspiele
Karten: www.muenchner-opern-festspiele.de
(E 6) Münchner Philharmoniker
Kellerstr. 4, Tel. 480 98-55 00
www.mphil.de
(E 6) Gasteig
Rosenheimer Straße 5
Tel. 48 09 80
www.gasteig.de
Symphonieorchester des Bayerischen Rundfunks
Tel. 59 00-45 45
Ticket-Service im BR-Service-Center Foyer Hochhaus (B 5)
Arnulfstraße 42
Mo-Fr 8.30 -18 Uhr
(D 5) Münchner Kammerorchester
Wittelsbacherplatz 2
Karten: Tel. 46 13 64-0
www.muenchener-kammerorchester.de
ARD-Musikwettbewerb
Bayerischer Rundfunk
Tel. 59 00 24 71
Fax 59 00 35 73
www.br-online.de
(F 5) Prinzregententheater
Prinzregentenplatz 12
Tel. 21 85 02
tickets@prinzregententheater.de
Herkulessaal, Residenz München
Residenzstr. 1, Tel. 29 06 71

Musikstadt München: Fast 2500 klassische Konzerte und Opernaufführungen im Jahr

Villa Stuck: Das Interieur ist ein Gesamtkunstwerk

(B 1) Rockmuseum Munich
Devotionalien der Rock-Geschichte, wie Frank Zappas E-Gitarre oder Jim Morrisons Bühnenklamotten, haben zwei Musik-Freaks auf der Besucherplattform des Olympiaturms in ihrem Rockmuseum ausgestellt.
Spiridon-Louis-Ring 7
www.rockmuseum.de
tgl. 9-24 Uhr; Eintritt frei

(F 5) Villa Stuck
Auf der Ostseite der Isar in Bogenhausen ließ sich der Münchner Malerfürst Franz von Stuck 1898 eine luxuriöse, klassizistisch geprägte Jugendstilvilla bauen, deren Inneneinrichtung er als Gesamtkunstwerk selbst gestaltete. Heute ist die Villa eine Art Jugendstilmuseum in der auch Gemälde, Plastiken und Möbelentwürfe von Stuck gezeigt werden. Außerdem wechselnde Sonderaustellungen zeitgenössischer und moderner Kunst.
Prinzregentenstaße 60
www.villastuck.de
Mi-So 11-18 Uhr; 6 €

GALERIEN

(D 5) Galerie f5,6
Der Name (die mittlere Blende einer Kamera) ist hier Programm. f5,6 ist eine der wenigen deutschen Galerien, die ausschließlich fotografische Kunst zeigt. Von etablierten Meistern der Fotografie aber auch von interessanten Neuentdeckungen, die die traditionellen Wege ihres Genres verlassen. Die beiden Galeristinnen setzen in der Auswahl der Fotografien sowohl auf handwerkliche als auch intellektuelle und emotionale Qualität.
Ludwigstraße 7
www.f56.net
Di-Fr 11-19 Uhr, Sa 12-17 Uhr
Eintritt frei

(D 5) Galerie Rieder
Solch traditionelle Galerien gab es es früher sehr viele auf der Maximilianstraße. Schwerpunkt sind die klassische Moderne und das Bauhaus.
Maximilianstraße 22
www.galerierieder.de
Di-Fr 11-13 u. 14-18 Uhr
Sa 10-14 Uhr; Eintritt frei

(D 4) Galerie Sprüth Magers
Die beiden Galeristinnen gehören eindeutig zur Münchner Promi-Szene. Einer der Schwerpunkte der Galerie sind Frauenthemen mit Werken wichtiger Künstlerinnen wie Jenny Holzer und Rosemarie Trockel.
Schellingstraße 48
www.spruethmagers.com
Di-Fr 11-14 und
15-18 Uhr, Sa 11-14 Uhr
Eintritt frei

(D 5) Hypo Kunsthalle
Im edlen Ambiente der Fünf Höfe zeigt die Kulturstiftung der Hypovereinsbank international bedeutende Wanderausstellungen. Zum Beispiel Retrospektiven weltberühmter Künstler oder die wichtigsten Werke einer kunstgeschichtlichen Epoche, manchmal aber auch interessante zeitgenössische Themen.
Theatinerstraße 8
www.hypo-kunsthalle.de
tgl. 10-20 Uhr; 8 €, Mo 4 €

(F 7) Lothringer 13
In einer ehemaligen Maschinenfabrik in der Nähe des Ostbahnhofs sind in einer Dependance des Kulturreferats brandheiße Trends der zeitgenossischen Kunst zu sehen, oft nutzen Stars der Szene dic Galerie für ihre ersten Präsentationen. Angenehm auch die Lese-Lounge, in der viele Ausstellungskataloge zum Ansehen liegen.
Lothringer Straße 13
www.lothringerdreizehn.com
Di-So 14-20 Uhr; Eintritt frei

(C 10) Sammlung Goetz
Schon wegen des lichtdurchfluteten, kubusförmigen Ausstellungshauses, das Ingvild Goetz für ihre Sammlung bauen ließ, lohnt sich der Ausflug nach Oberföhring. Aber auch wegen der Videokunst.
Oberföhringer Straße 103
Tel. 95 93 96 90
www.sammlung-goetz.de
nach tel. Absprache; Eintritt frei

MERIAN | TIPP

Kammerspiele

Die Münchner Kammerspiele gehören ganz klar zur ersten Liga des deutschen Sprechtheaters. Aufgeführt werden sowohl die großen Klassiker in zeitgemäßen Inszenierungen als auch eine neue Theaterästhetik, die in München bisher nicht viel Raum hatte. Letztere wird von einigen Alt-Abonennten abgelehnt, das junge Publikum und viele Kritiker feiern die Kammerspiele dafür um so begeisterter.
Doch nicht nur des exzellenten Spielplans wegen ist das renovierte Jugendstil-Theater unbedingt einen Besuch wert, auch die intime Athmosphäre zwischen Schauspielern und maximal 700 Zuschauern ist etwas ganz Besonderes. Das Ensemble des 1911 gegründeten Hauses übrigens war schon immer vom Feinsten: An den Kammerspielen standen Stars wie Therese Giehse und Heinz Rühmann auf der Bühne; aktuell ist Julia Jentsch dort engagiert, die als „Sophie Scholl" sogar schon für den Oscar nominiert war.
(D 5) Maximilianstraße 28
Tel. 23 39 66 00
www.muenchner-kammer spiele.de
Karten 6 - 39,40 €

THEATER

(A 4) **Blutenburgtheater**
Nicht nur der Name klingt nach Krimi. Auch der Spielplan des Blutenburgtheaters ist voller Mord und Totschlag. Denn hier kommen nur Kriminalstücke und -komödien auf die Bühne. Klassiker wie „Arsen und Spitzenhäubchen" und Stücke von Agatha Christie und Edgar Wallace haben seit Jahren ihren festen Platz im Programm.
Blutenburgstr. 35, Tel. 123 43 00
www.blutenburg-theater.de
Karten 14 € - 26 €

(C 5/6) **Deutsches Theater**
Opulentes Musical-Theater, es werden Tourneeproduktionen aus aller Welt aufgeführt, wie „Cats", „West Side Story" und andere Dauerbrenner vom Broadway. In der Faschingszeit finden hier die berühmten Schwarz-Weiß-Bälle statt.
Schwanthaler Straße 13
Tel. 55 23 44 44
www.deutsches-theater.de
Karten 20 - 70 €

(E 5) **Komödie am Max II**
Klassisches Boulevardtheater hat hier Tradition. Hochwertige Komödien und Lustspiele stehen auf dem Spielplan. Häufig mit prominenter Gastbesetzung aus Film und Fernsehen, wie zum Beispiel Gudrun Landgrebe oder Peer Augustinski.
Maximilianstr. 47, Tel. 22 18 59
www.komoediemaxzwei.de
Karten 15 - 33 €

Hollywood unterm Sternenhimmel: Das Kino-Open-Air am Königsplatz

(D 5) **Marstall**
Das Theater im Marstall gehört zum Bayerischen Staatsschauspiel, hat sich aber von der Experimentierbühne, als die es genutzt werden sollte, schnell zu einer der wichtigsten Spielstätten für modernes Tanztheater und zeitgenössische Projekte entwickelt. Sehr kleiner Zuschauerraum, unbedingt Karten vorbestellen.
Marstallplatz 5
Tel. 21 85 19 40
www.bayerischesstaatsschau spiel.de *Karten 9 - 18 €*

(C 10) **Metropoltheater**
Das jüngste Münchner Privattheater ist auch das innovativste. Denn eine der Bedingungen für den Spielplan ist: Das Stück darf in München noch nicht aufgeführt worden sein. So brachte das Metropol mit viel Erfolg z.B. Filmadaptionen wie „Trainspotting" auf die Bühne. Außerdem werden Sprechklassiker geboten, Modern Dance und extravagantes Musiktheater.
Floriansmühlstraße 5
Tel. 32 19 55 33
www.metropoltheater.com
Karten ca. 17 €, ermäßigt 13 €

(D 5) **Residenztheater**
Das „Resi" stand als Münchner Sprechtheater lange im Schatten der Kammerspiele, seit dessen früherer Intendant Dieter Dorn jedoch in die Heimat des Bayerischen Staatsschauspiels wechselte, ist auch der Ruf dieses Hauses und seines klassisch-zeitgemäßen und modernen Spielplans exzellent.
Max-Joseph-Platz 1
Tel. 21 85 19 40
www.bayerischesstaatsschau spiel.de *Karten 11 - 46 €*

(D 6) **Staatstheater am Gärtnerplatz**
Die Münchner nennen das Haus auch gerne „Oper des kleinen Mannes". Von diesem Image will das Theater weg, aber ohne das Publikum zu vergrätzen. Deshalb gibt es neben den klassischen Opern in deutscher Sprache inzwischen auch moderne Inszenierungen und Ballettaufführungen, sowie, von Zeit zu Zeit, Jazz-Konzerte.
Gärtnerplatz 3, Tel. 21 85 19 60

s der beliebtesten Sommerfestivals

www.staatstheater-am-gaertner platz.de *Karten 3-57 €*

KABARETT

(F 7) **Drehleier**
Mit 30 Jahren auf dem Buckel ist die Drehleier eine der ältesten Kleinkunstkneipen der Stadt. Neben Kabarettisten wie Sigi Zimmerschied oder Faltsch Wagoni spielen hier auch Münchner Bands, zum Beispiel die legendäre Spider Murphy Gang.
Rosenheimer Straße 123
Tel. 48 27 42
www.theater-drehleier.de
Karten 17 €

(D 3) **Heppel & Ettlich**
Die Studentenkneipe im Stil der 68-er beherbergt eine kleine Bühne, auf der die Stars der Münchner Szene auftreten, häufig aber auch Kabarettisten aus anderen Teilen der Republik, die ein paar Jahre später sehr viel größere Säle füllen.
Kaiserstraße 67, Tel. 34 39 59
www.heppel-ettlich.de
Karten 13 €

(D 3/4) **Jörg Maurer's Unterton**
In einem ehemaligen Luftschutzkeller eröffnete der Kabarettist Jörg Maurer seine eigene Bühne. Er tritt dort selbst auf, lädt aber auch andere Künstler ein, deren Programm ihn überzeugt. Motto: „Bei uns hat das Mittelmaß Hausverbot."
Kurfürstenstraße 8
Tel. 33 39 33, www.unterton.de
Karten 13-23 €

(E 3) **Lach- und Schießgesellschaft**
Nicht nur Münchens erste Adresse für Kabarett sondern der Markenname für politische Satire. Dieter Hildebrandt und Bruno Jonas haben in der unscheinbaren Kneipe hinter der Münchner Freiheit neben vielen anderen ihre Karrieren gestartet. Der Name, übrigens eine Verballhornung der alteingesessenen „Wach- und Schließgesellschaft", ist Programm: Denn auch wenn Comedians wie Pilze aus dem Boden schießen: Hier schießen die (Klein-)künstler schneller.
Ursulastraße 9, Tel. 39 19 97
www.lachundschiess.de
Karten 18-20 €

(D 6) **Theater im Fraunhofer**
Bayerisches Wirtshaus mit Kleinkunstbühne, Musikfrühschoppen und Bayerischem Poetenstammtisch am ersten Sonntagmorgen im Monat.
Fraunhoferstraße 9
Tel. 26 78 50
www.fraunhofertheater.de
Karten 8-20 €

KINO

(D 4) **Arri Kino**
Im Kino der Firma Arri, die Hollywood mit Filmequipment ausstattet, laufen spezielle Programm-Reihen.
Zum Beispiel für Kinder und Jugendliche.
Türkenstraße 91
Tel. 38 89 96 64
www.arri-kino.de

(C 5/6) **Atelier**
In einem Hinterhof zwischen Sendlinger Tor und Stachus. Das beste Programmkino der Stadt. Vor allem europäisches Kino in drei Sälen.
Sonnenstraße 12
Tel. 59 19 18

(B 4) **Cinema**
Hier werden fast ausschließlich Originalfassungen gezeigt. Oft auch ohne Untertitel. Nur ein Saal, deshalb meist großer Andrang, häufig ausverkauft.
Nymphenburger Straße 31
Tel. 55 52 55
www.cinema-muenchen.com

(D 6) **Filmmuseum**
Die Adresse für anspruchsvolle Cineasten: Im Stadtmuseum

MERIAN | TIPP

Tollwood- Festival

Das Tollwood-Festival lockt jedes Jahr eine Million Besucher. Geschickt positioniert zwischen Alternativ-Messe und urbanem Musikevent ist es seit 1988 ein Festival der etwas anderen Art und mittlerweile so erfolgreich, dass es auch einen Winterableger gibt. In einem großen Zeltdorf entsteht für einige Wochen eine kleine Parallelwelt mit Kleinkunst, Theater und jeder Menge Live-Musik. Im Mittelpunkt: Ein 3000 Zuschauer fassendes Zirkuszelt, drum herum eine Budenstadt mit zertifizierter Öko-Küche und Verkaufsständen für indische Räucherstäbchen, australische Didgeridoos und anderen Hippie-Nippes, aber auch Kunsthandwerk und Kleidung. Viele kleine Events und Aufführungen sind kostenlos und unter freiem Himmel. Auf der Hauptbühne unter der riesigen Zeltplane gibt es täglich Live-Konzerte von Rock bis Reggae, von Jazz bis HipHop. Das Publikum ist bunt gemischt, zwischen 15 und 65, hauptsächlich junge Familien mit Kindern. *Der Eintritt ist frei, nur die abendlichen Konzerte auf der Hauptbühne kosten zwischen 15 und 40 Euro*
www.tollwood.de

Cafe Dukatz im Literaturhaus. Stärkung in der Lesepause

laufen Filme, die man sonst nirgends sieht: Historische Raritäten, Rekonstruktionen und Filme aus exotischen Ländern oder von avantgardistischen Regisseuren. Vor und nach dem Kino bietet sich ein Besuch im Stadtcafé an, das direkt über dem Kinosaal liegt.
St.-Jakobs-Platz 1
Tel. 23 32 41 50
www.stadtmuseum-online.de/filmmu.htm

(A 4) **Maxim**
Das Maxim wurde 1912 eröffnet, damit ist es nicht nur das kleinste sondern auch das älteste Kino Münchens. Hier gibt es keine geschniegelte Lobby, kein Popcorn und keine Kreditkarten. Hauptsächlich laufen Dokumentarfilme, grundsätzlich ohne Werbung.
Landshuter Allee 33
Tel. 16 87 21

(E 7) **Museum-Lichtspiele**
Traditionskino neben dem Deutschen Museum, anspruchsvolles Programm in skurril-kitschigem Ambiente. Bekannt sind die Museum-Lichtspiele vor allem, weil hier seit 30 Jahren ununterbrochen die „Rocky Horror Picture Show" läuft. Die Fans kommen am liebsten verkleidet, gerne in Strapsen, und werfen Reis. Zweiter Dauerbrenner mit treuen Stammgästen: Luchino Viscontis „Tod in Venedig" – auch schon seit 28 Jahren ...
Lilienstraße 2
Tel. 48 24 03
www.museum-lichtspiele.de

LESUNGEN

(D 5) **Literaturhaus**
Anspruchsvolle Lesungen und Veranstaltungen von und mit deutschen und internationalen Schriftstellern von Rang und Namen. Besonders beliebt ist das Literaturhaus auch wegen des mondänen Café Dukatz im Erdgeschoss.
Salvatorplatz 1
Tel. 29 19 34-27
www.literaturhaus-muenchen.de

(E 3) **Seidlvilla**
Diese alte Architektenvilla mitten in Schwabing ist ein Forum für außergewöhnliche Lesungen, Jazzkonzerte, Ausstellungen und zahlreiche andere Kulturveranstaltungen.
Nikolaiplatz 1 b
Tel. 33 31 39
www.seidlvilla.de

(B 7) **Planet Slam**
Europas größter monatlicher Poetry-Slam, einer der wichtigsten der deutschen Slam-Szene mit bis zu 500 Zuhörern in der Szenekneipe Substanz. Spektakuläre Auftritte von bekannten und weniger bekannten Bühnenpoeten, oft auch Rappern, dazu sehr gute Musik.
www.planetslam.de
Café Substanz
Ruppertstaße 28
Tel. 721 27 49

(B 6) **Speak & Spin**
Jeden zweiten Montag gibt es im Café Gap Literatur live. Junge, noch unbekannte Autoren aber auch namhafte Schriftsteller. Mal traditionell, mal experimentell. Genreübergreifend von Lyrik bis Comedy, häufig auch Performance-Charakter.
www.speakandspin.de
Café Gap
Goethestraße 34
Tel. 54 40 40 94

MERIAN | PARKSTADT MÜNCHEN

Wir bleiben draußen!

Von Münchner Geschäftsleuten heißt es, sie trügen im Sommer die Badehose unterm Dreiteiler. Und in der Aktentasche eine Isomatte ...

Wahrscheinlich stimmt das Gerücht. Wie sonst könnten die Gärten der Stadt bei Schönwetter ab Schlag zwölf Uhr von so vielen Sonnenanbetern bevölkert sein? Draußen - das ist für die Münchner kein räumlicher Zustand, sondern eine Geisteshaltung. Jede und jeder hat „seinen" Radweg am Bach zur Arbeit oder „ihren" Abendspaziergang durch den Park nach Hause. Und selbstverständlich „unseren" Geheimtipp für das perfekte Picknick. Das sind die schönsten Parks:

(E4-F2) Englischer Garten

Der Central Park Münchens – nur größer: Er beginnt im Zentrum und endet isarabwärts erst hinter der Stadtgrenze. Die erste Wiese hinter dem Haus der Kunst gehört den „Nackerten". Spielwiesen gibt es vor dem Kleinhesseloher See, Mountainbike- und Reitwege im ganzen Park. Erfrischend im Sommer: Ein Sprung in den Eisbach. Unter der Brücke neben dem Haus der Kunst, am südlichen Zugang des Englischen Gartens, kann man auf einer stehenden Welle sogar surfen. Und mehrere Biergärten gibt's auch.

(D5) Hofgarten

Bereits ab 1613 wurde der Renaissancegarten zwischen Staatskanzlei und Odeonsplatz angelegt. Rund um den Dianatempel in der Mitte: Prächtige Blumenbeete umrahmt von Arkadengängen. Auf dem Schotterweg gleich am Eingang beim Odeonsplatz wird Boccia gespielt. Eine Unterführung bringt Spaziergänger in den Englischen Garten.

(B10) Nymphenburger Schlosspark

Direkt vor und hinter dem Schloss ist es ein streng barocker Garten mit geraden Wegen, je weiter man in den Park vordringt desto verwilderter und romantischer werden Wiesen und Wälder. Kleine Kanäle durchziehen den Park. Und die Lustschlösser und -pavillone sind die Besichtigung allemal wert! Mit seinen 200 Jahre alten Bäumen und 56 verschiedenen Brutvogelarten steht der Park unter Landschaftsschutz. Im Winter treffen sich auf dem Kanal vor dem Schloss die Eisstockschützen. Sogar noch spät nachts unter Flutlicht. Auf dem Park-See kann man Schlittschuh laufen.

Kreatives Grün: Malstunde im Englischen Garten

(A/B 1/2) Olympiapark

Im Winter bietet der Olympiaberg die beste Rodelstrecke der Stadt. An Föhntagen rücken von hier oben die Alpengipfel in beinahe greifbare Nähe. Der Olympiapark spiegelt den Landschaftsgeschmack der 70er Jahre: Gewellte Formen, aufgeschüttete Hügel und künstliche Seen. Aus dem Olympischen Dorf von 1972 wurden Studentenwohnungen – die bemalten Häuser sind eine Sehenswürdigkeit für sich.

(C/D7) Rosengarten

Der Rosengarten in Giesing, nur wenige hundert Meter von der Wittelsbacherbrücke entfernt, ist kaum bekannt und hochromantisch: Inmitten duftender Rosenbeete stehen Stühle zum Ausruhen. Toll ist ein Spaziergang entlang der Isarauen vom Maximilianeum bis zum Rosengarten.

Englischer Garten U3 oder U6 bis Universität, Giselastraße oder Münchner Freiheit Hofgarten U6 oder U3 bis Odeonsplatz Nymphenburger Schlossgarten U1 bis Gern, zu Fuß entlang des Schlosskanals Olympiapark U3 bis Olympiazentrum Rosengarten U1 oder U2 bis Kolumbusplatz

Wander-Tipps von Heinrich Bauregger im Buch Bayerische Hausberge, Bruckmann, 160 S., 17,90 €

(B 11) **Bavaria Filmstadt**
Explodierende Kulissen, fliegende Stuntmen, 4D-Kino und eine Bimmelbahn, die Besucher über das Gelände fährt – der 90-minütige Rundgang durch die Filmstadt-Kulissen der Bavaria Filmproduktion ist ein sicherer Tipp für einen gelungenen Ausflug mit Kindern. Seit 1919 wird auf dem Gelände der Bavaria gedreht, „Das Boot", „Die unendliche Geschichte", „Asterix und Obelix gegen Caesar" und auch Bully Herbigs „(T)Raumschiff Surprise" sind hier entstanden.
Bavariafilmplatz 7
www.filmstadt.de
März-Okt. tgl. 9-16 Uhr, Nov.-Feb. tgl. 10-15 Uhr, Erwachsene 10 €, Kinder 7 €, Familienkarte 29,50 €

(B 10) **Botanischer Garten**
Im Frühling Tulpenfelder, im Sommer Rosengärten – ein Besuch des Botanischen Gartens lohnt sich zu jeder Jahreszeit. In den Gewächshäusern sind Exoten zu bestaunen, Kakao, Kaffee, Bananen und viele fleischfressende Pflanzen. Im Mexikohaus: Riesige Kakteen und gleich nebenan blühende Orchideen und exotische Bäume. Besonders schön im Winter: In einer Halle werden mehr als 400 tropische, leuchtend bunte Schmetterlinge frei gelassen. Ein Hauch von Frühling, selbst wenn es draußen noch so unangenehm ist.
Menzingerstraße 65, www.botanik.biologie.uni-muenchen.de/ botgart
Nov.-Jan. 9-16.30 Uhr
Feb./März/Okt. 9-17 Uhr, Apr./Sept. 9-18 Uhr, Mai-Aug. 9-19 Uhr
Eintritt 3 €, ermäßigt 2 €

(B 5) **Circus Krone**
Im Sommer ein Veranstaltungsort für besondere Konzerte, von Ende Dezember bis Anfang April Heimat des größten Zirkus Europas mit all seinen Tieren und Akrobaten. Drei verschiedene Programme ab dem ersten Weihnachtsfeiertag, dem traditionellen Premierentag für die Winterspielzeit. Mittwoch, Freitag, Samstag und Sonntag Nachmittagsvorstellungen, die allerdings oft schon lange im Voraus ausverkauft sind. Der Krone-Zoo ist immer sonntags für Besucher geöffnet.
Zirkus-Krone-Straße 1-6
www.circus-krone.de
Karten-Tel. 089/545 80 00
Karten 12 - 31 €

(D/E 6) **Deutsches Museum**
Eine Zeitreise durch die Geschichte der Technik bietet das Deutsche Museum, das 1903 gegründet und ab1906 auf der heutigen Museumsinsel in der Isar errichtet wurde. Mittlerweile ist es eines der berühmtesten naturwissenschaftlichen Museen der Welt. Trotz mehr als 55 000 Quadratmetern Ausstellungsfläche wurde das „Verkehrszentrum" ausgelagert: Eisenbahnen und Autos werden in einem gesonderten Bau auf der Theresienhöhe ausgestellt. In den sechs Obergeschossen auf der Museumsinsel werden Themen aus den Bereichen Astronomie, Physik, Informatik oder Chemie anschaulich, spannend, kindgerecht und mit vielen Möglichkeiten zum Mitmachen erklärt. Besonders beliebt sind die Vorführungen in der Starkstromabteilung, wenn 300 000 Volt Wechselspannung erst als Blitz durch die Luft zucken und sich schließlich mit einem lauten Knall entladen.
Museumsinsel 1
www.deutsches-museum.de
tgl. 9-17 Uhr, Erwachsene 8,50 €, Kinder 3 €, Familienkarte 17 €

(C/D 9) **Flughafen**
Auch ohne Flugticket kann man am Flughafen den Duft der großen Welt schnuppern. Jeden Tag werden Besichtigungs-Touren vorbei an den beiden Start- und Landebahnen, zu den Feuerwachen, dem Sicherheitsdienst und durch die Terminals angeboten: Sie führen hinter die Kulissen von Frachtgebäude und Wartungshallen, sogar beim Triebwerks-Probelaufstand wird kurz Halt gemacht. Im Besucherpark stehen historische Flugzeugmodelle. Der Besucherhügel ist immer frei zugänglich. Auf ihm kann man den Jets beim Start und bei der Landung zusehen.
www.munich-airport.de
Fluhafentouren: März-Okt. Mo- Fr 13.30 Sa/So und an Feiertagen: 11.30 Uhr, 13.30 Uhr, 15.30 Uhr. Treffpunkt ist das Besucherzentrum im Besucherpark, Dauer der Tour: 50 Minuten, Erwachsene 8,50 €, Kinder (ab 5 Jahren) 3,50 €; Besucherpark: 25. Feb.-Okt. 9.30-18, Nov.-24. Feb. 9.30-17 Uhr

(C 4) **Paläontologisches Museum**
Für Kinder, die Dinosaurier lieben, ist das Paläontologische Museum das wichtigste Museum der Stadt. Skelette und versteinerte Tiere in allen erdenk-

Frisch geschlüpfte Küken im Streichelzoo von Hellabrunn

lichen Größen vom Mini-Dinosaurier über Säbelzahntiger zum Archaeopteryx bavarica, dem bayerischen Urvogel. Oder ein längst ausgestorbener Riesenhirsch – inklusive Geweih. Alles seltene Kostbarkeiten. Natürlich auch für Erwachsene interessant.
Richard-Wagner-Straße 10
www.palaeo.de/pal_museum
Mo-Do 8-16 Uhr, Fr 8-14 Uhr, am ersten So im Monat 10-16 Uhr, Eintritt frei

(D 3) **Schauburg**
Ambitioniert-intelligentes, sehr unterhaltsames Theater für Kinder und Jugendliche, das europaweit als wegweisend gilt.
Franz-Joseph-Straße 47
Tel. 23 33 71 71
www.schauburg.net
Karten 4-9 €

Sommerrodelbahn Am Blomberg
Mit dem Sessellift hoch bis zur Mittelstation und runter mit dem Schlitten durch 17 Steilkurven und 40 Schikanen – 550 Meter Höhenunterschied auf über 1264 Meter Länge. Da geht die Post ab! Kinder unter acht Jahren dürfen die Sommerrodelbahn allerdings nur auf dem Schoß der Eltern hinuntersausen. An der Bergstation: Ein Gasthof mit Sonnenterrasse. 40 Minuten mit dem Auto von München entfernt.
Bad Tölz-Oberfischbach
www.blombergbahn.de
März-Nov. (nur bei trockenem Wetter geöffnet) tgl. ab 9 Uhr, eine Bergfahrt inkl. Rodeln, Erwachsene 3,50 €, Kinder 3 €

(B/C 11) **Tierpark Hellabrunn**
Mehr als 4500 Tiere leben hier auf 36 Hektar. Der Zoo ist nach den Erdteilen gegliedert. Besucher können also in Europa starten und auf Entdeckungsreise nach Afrika, Australien, Amerika und die Antarktis gehen. Gitter gibt es nur, wo sie wirklich nötig sind. Nicht verpassen: Die Elefantenvorführung um 14 Uhr! Faszinierend vor allem im Winter ist das Raubtierhaus: Wenn alle Wildkatzen drinnen sind, kommt man ihnen so nahe, dass man ihren Atem spüren könnte, wenn das Sicherheitsglas nicht wäre. Toll schon für die Allerkleinsten: Die begehbare Vogelvoliere und natürlich der Streichelzoo.
Tierparkstraße 30
www.zoo-munich.de
Okt.-März tgl. 9-17 Uhr
April-Sept. tgl. 8-18 Uhr
Erwachsene 9 €, Kinder 4,50 €

Das Hofbräuhaus, wahrscheinlich das berühmteste Gasthaus der Welt

ASIATISCH

(A 7) **Cam Ly**
In diese Ecke Sendlings lockt die Besucher die ausgezeichnete vietnamesische Küche. Schmeckt wirklich wie in Vietnam, wahrscheinlich wegen der 28 Sorten exotischer Kräuter, die im Cam Ly verarbeitet (und in drollig-falschem Deutsch auf der Speisekarte erklärt) werden.
Pfeuferstr. 33, Tel. 74 79 08 84
www.camly.de
So-Fr 11-14.30, 17-23 Uhr
Sa 17-23 Uhr €

(D 6/7) **Kirschblüte**
Wunderhübsches Asia-Bistro: Man sitzt auf schlichten Holzmöbeln, wird roséfarben illuminiert und isst täglich wechselnde Vor- und Hauptspeisen. Nur die vietnamesische Suppe Pho, die gibt's zum Glück immer! Abends besser reservieren, denn mehr als 24 Personen haben in der Kirschblüte nicht Platz.
Ickstattstraße 26
Tel. 20 20 76 50
Mo-Fr 10-15 u. 18-22 Uhr €

(F 6) **No Mi Ya**
Sushi unterm Hirschgeweih wird in diesem japanisch-bayerischen Wirtshaus serviert. Viele sagen sogar, es sei das beste Sushi der Stadt. Aber es gibt auch Fusion à la Lachs-Nigiri mit süßem Senf oder Würstel. Bunt gemischtes Publikum vom Szene-Gänger über elegante Münchner bis zur japanischen Business-Runde.
Wörthstraße 7, Tel. 448 40 95
tgl. 18-1 Uhr €€

(D 6) **Shida**
Unter dem Konterfei von Bhumibol Adulyadej, dem König von Thailand, schmeckt es vorzüglich. Das Curry hat die richtige Schärfe und die Teller sind mit liebevoll geschnitztem Gemüse dekoriert.
Klenzestraße 32, Tel. 26 93 36
Mo-Fr 12-15 u. 18-1 Uhr
Sa, So 18-1 Uhr €€

BAYERISCH

(D/E 2/3) **...zimmer**
Urige Wirtsstube mit jugendlichem Interieur – helles und dunkles Holz und bunte Sitzkissen. Die Speisekarte ist voller Schmankerln und die Hauptgerichte sind alle auch als halbe Portion bestellbar.
Siegfriedstraße 14
Tel. 3834 69 64
So-Fr 11.30-1 Uhr
Sa 18-1 Uhr €

(D 5) **Hofbräuhaus**
Wahrscheinlich das berühmteste Wirtshaus der Welt, der Inbegriff bayerischer Gemütlichkeit. Und trotz Massen von Touristen, die hier täglich durchgeschleust werden, ist die Küche ordentlich und das Preis-Leistungs-Verhältnis ausgezeichnet. Ruhiger als in der Bierschwemme geht's im Restaurant im ersten Stock zu.
Am Platzl 9, Tel. 290 13 60
www.hofbraeuhaus.de
tgl. 9-24 Uhr €

(B 11) **Menterschwaige**
Idyllisch am Isarhochufer im Grünen gelegen, ideal für einen Ausflug mit Fahrrad oder Inlineskates. Wegen des tollen Spielplatzes (mit Piratenschiff) auch bei Familien sehr beliebt. Bayerische Küche auf höchstem Niveau!
Menterschwaigstraße 4
Tel. 64 07 32
www.menterschwaige.de
tgl. 11-1 Uhr €€

(D 5) **Schuhbeck in den Südtiroler Stuben**
Auch lokale Küche kann Sterneküche sein. Das beweist Starkoch Alfons Schuhbeck mit diesem alpenländischen Gourmetrestaurant mitten im Lederhosendreieck. Bodenständiges, leicht und modern zubereitet, kommt hier auf den Teller – ein himmlisches Böfflamott, Bauernente oder frischer Saibling – ganz vorzüglich!
Am Platzl 6-8, Tel. 216 69 00
www.schuhbeck.de
Mo 18-23, Di-Sa 12-14.30 u. 18-23 Uhr €€€

(D 6) **Weisses Brauhaus**
Eines der traditionsreichsten Wirtshäuser der Stadt, Stammsitz der Schneider-Brauerei, die für ihr obergäriges Weißbier berühmt ist. Urgemütlich und gesellig, an riesigen Tischen werden von Kellnerinnen im Dirndl und mit rustikalem Charme Schweinsbraten, Haxenteller und deftige Innereien, wie „Saures Lüngerl" serviert. Die köstlichen Weißwürste gibt es – wie es sich gehört – nur bis zum 12-Uhr-Läuten.
Tal 7, Tel. 290 13 80
www.weisses-brauhaus.de
tgl. 7-1 Uhr €

(E 6) **Wirtshaus in der Au**
Gemütliche Gaststube gleich hinter dem Deutschen Museum, berühmt für seine Knödelspezialitäten. Im Sommer sitzt man draußen im schattigen Garten, im Winter am lodernden Kaminfeuer.
Lilienstraße 51, Tel. 448 14 00
www.wirtshausinderau.de
Mo-Fr 17-1 Uhr,
Sa, So 10-1 Uhr €

INTERNATIONAL

(A 4) **Chopan**
Rotes, schummeriges Licht, schwere Vorhänge und raumhohe Pyramiden, die ein geheimnisvolles Licht verstrahlen – das Orient-Ambiente im afghanischen Restaurant Chopan könnte nicht perfekter sein. Außerdem ist das Essen herrlich würzig und nach Tisch kreisen im Loungebereich die Wasserpfeifen. Entspannend!
Elvirastr. 18a, Tel. 18 95 64 59
tgl. 18-24 Uhr €

(F 6) **El Perro y el Griego**
Maurische Kacheln an den Wänden, blank gescheuerte Holztische, Platten voll köstlicher Tapas auf dem Tresen – eine spanische Oase in der bayerischen Großstadt. Unbe-

Preiskategorien

Alle Adressen im Info-Magazin sind MERIAN-Empfehlungen. Preiskategorien Restaurants (günstigstes Hauptgericht): € unter 10 €
€€ 10-20 €, €€€ über 20 €

dingt reservieren, und – der langen Tische wegen – Platz gibt's auch für größere Gruppen.
Belfortstr. 14, Tel. 48 25 53
Mo-Fr 11-1, Sa, So 16-1 Uhr €

(D 6) **Ganga**
Saftige Currys, weder zu scharf noch zu mild gewürzt, toll dekorierte Gerichte, herrlicher Mango-Lassi! Das alles in wunderschöner lachsrot-weißer Dekoration. Und der Service ist charmant und witzig! Wahrscheinlich Münchens bester Inder, unbedingt reservieren, auch unter der Woche.
Baaderstraße 11
Tel. 201 64 65
Mo-Fr 11.30-15 und 17.30-24 Uhr, Sa, So 17.30-24 Uhr €

ITALIENISCH

(C 7) **Bavarese**
Es sind zwar drei Bayern, die diese kleine Trattoria führen, aber sie haben Italien nicht nur im Blut sondern vor allem in den Kochtöpfen! Die leckersten Rezepte (z.B. Toskanischer Schweinebraten) gibt's zum Mitnehmen und Nachkochen auf Postkarten gedruckt. Toll: Die Preise für Nudeln und Pizza sind sehr zivil. Für Frühaufsteher: Auch zum italienischen Frühstück hat das Bavarese schon geöffnet.
Ehrengutstraße 15
Tel. 52 03 34 37
www.bavarese.net
Tgl. 11-1 Uhr €

Im „Shida" wird köstliches Thai-Curry serviert

(D 5) **Brenner**
Eine Gastro-Kathedrale: Riesige Räume, hohe Decken, offene Küchenstationen für Vorspeisen, Pasta, Grill und Dessert, zwischen denen außergewöhnlich freundliche Kellner herumschwirren. Das Brenner ist immer voll, man sieht und wird gesehen. Da stört es kaum, dass man anderswo raffinierter und günstiger essen kann.
Maximilianstraße 15
Tel. 452 28 80
www.brennergrill.de
tgl. 8.30-2 Uhr €

(E 6) **Nage & Sauge**
Die Einrichtung ist rustikal-bayerisch und weder der Name

> > Bitte lesen Sie weiter auf S. 164

MERIAN SHOP
BESTELLEN SIE JETZT!

Genießen Sie 50 große Romane und Klassiker des 20. Jahrhunderts – von Milan Kunderas genialem Roman „Die unerträgliche Leichtigkeit des Seins“ über William Faulkners „Die Freistatt“ bis Italo Calvinos „Wenn ein Reisender in einer Winternacht“! Bestellen Sie diese einzigartige Edition zum Sonderpreis von 196 Euro.

TOP-ANGEBOT!

Süddeutsche Zeitung | Bibliothek

im Gesamtpaket: 50 große Romane des 20. Jahrhunderts. Ausgewählt und zusammengestellt von der Feuilletonredaktion der renommierten Süddeutschen Zeitung. Exklusive Hardcover-Ausgaben im Schutzumschlag zu einem unschlagbaren Preis. Sichern Sie sich jetzt alle 50 Bände der begehrten und bereits an vielen Stellen ausverkauften SZ-Bibliothek im Gesamtpaket.

MERIAN live!
Chiemgau
Mit Kartenatlas, Tourenplaner, Tipps für Stadtspaziergänge, Unterkünfte, Restaurants und Einkaufsmöglichkeiten und vielen weiteren Top-Ten-Listen. Preis: 7,95 Euro

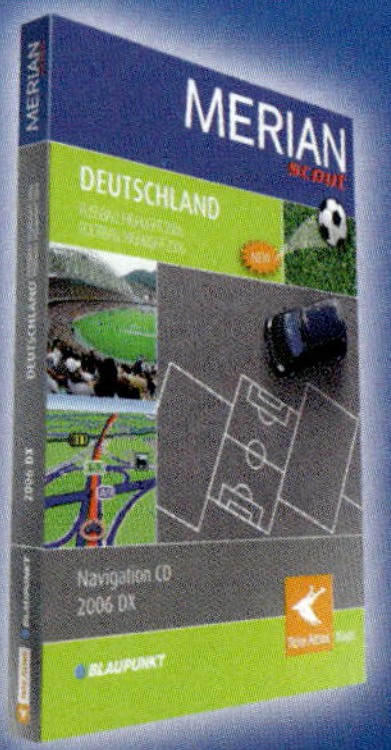

MERIAN scout
Deutschland Fußball-Highlights 2006
Diese Update-CD für TravelPilot DX von MERIAN scout und Tele Atlas führt Sie zu Spielorten, Großleinwänden, Fanshops, Biergärten, Restaurants, Freizeit- und Erlebnisparks, Spaßbädern und vielem mehr. Preis: 149 Euro.

MERIAN guide
Nobelmarken
Der Shopping Guide für Clevere! Warum mehr bezahlen als unbedingt nötig? Outlet Center und Fabrikverkäufe erfreuen sich ständig wachsender Beliebtheit, die 150 besten in Deutschland und ganz Europa. 256 Seiten, 180 Fotos. 12,90 Euro

MERIAN | live! | classic | guide | kompass | scout

WEITERE ANGEBOTE DER MERIAN FAMILY
WWW.MERIAN.DE/SHOP

MERIAN VON A–Z ZUM BESTELLEN

- Ägypten
- Amsterdam
- Andalusien
- Athen
- Australien

- Baden-Württemberg*
- Bali

- Baltikum
- Barcelona
- Berlin
- Bonn*
- Brasilien
- Budapest
- Burma

- Chicago
- Côte d'Azur
- Chile und Patagonien
- China: Peking und der Norden

- Deutschland*
- Dominikanische Republik
- Dresden
- Dubai

- Elsass
- Essen*
- Emilia-Romagna

- Florenz
- Florida
- Frankfurt
- Französische Atlantikküste

- Gardasee und Oberitalien
- Große Ferien*
- Griechenland*

- Hamburg
- Harz
- Hongkong

- Irland
- Island

- Istanbul
- Italien**

- Japan
- Jerusalem

- Kalifornien
- Kanalinseln
- Kanar. Inseln
- Karlsruhe*
- Köln
- Kopenhagen

- Krakau
- Kreta
- Kroatien
- Kuba

- Leipzig
- Ligurien
- Lissabon
- Die Loire
- London

- Madrid
- Mallorca
- Marokko
- Masuren
- Mauritius und Réunion
- Meckl. Vorp.
- Mexiko
- Mongolei

- Moskau
- MS Europa*
- München

- Namibia
- Neapel und die Amalfiküste
- Neuseeland
- New York
- Wasserreich Niedersachsen*

- Oberbayern
- Osnabrück und Osnabrücker Land*

- Paris
- Piemont / Turin
- Portugal
- Prag
- Provence

- Rocky Mountains

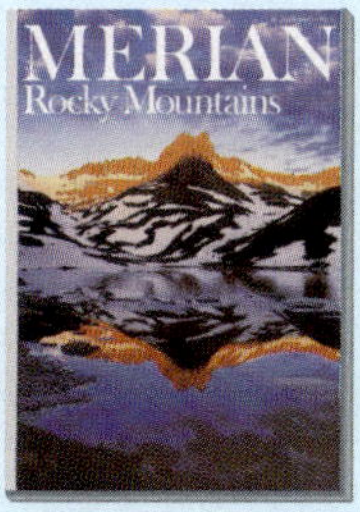

- Rom
- Das neue Ruhrgebiet*

- Salzburg und das Salzburger Land
- Sardinien
- Schottland
- Schweden
- Schweiz
- Shanghai
- Sizilien
- Slowenien
- Spaniens Norden
- St. Petersburg
- Steiermark
- Südafrika
- Südtirol
- Sylt
- Syrien·Libanon

- Tessin
- Thailand
- Thüringen
- Tirol
- Toskana
- Türkische Südküste
- Traumstraßen*

- Umbrien und die Marken
- USA: Der Süden

- Venedig
- Vietnam – Laos – Kambodscha

- Weimar
- Autostadt Wolfsburg*

- Zürich
- Zypern

MERIAN Ausgaben erhalten Sie für 7,50 Euro, die MERAIN Extra-Ausgaben für * 5,– bzw. ** 7,50 Euro

MERIAN ist das Synonym für Reisen und Kultur auf höchstem Niveau. Wertvolle Tipps und detailgetreue Kartographie erleichtern Ihre Reiseplanung und geben neue Ideen und Ziele.

Nutzen Sie auch den bequemen Bestellservice unter Telefon 040/87973540 oder www.merian.de/shop

MERIAN

Die Lust am Reisen

Wie die alten Römer: Wer will diniert im Nektar im Liegen. Danach

MERIAN | BEST OF

Hofpfisterei

Seit 22 Jahren kommt das Getreide vom Bio-Bauern und auf Chemie der Backmittelindustrie verzichtet die Hofpfisterei völlig. Stattdessen vertrauen die Öko-Pioniere den Rezepten aus Großvaters Zeiten. Die goldene Regel: Wasser, Mehl und Salz gehören ins Brot. Sonst nichts. Nachdem die deutsche Brotkultur irgendwo zwischen Supermarktregalen und Tankstellen-Aufbackbrötchen verloren gegangen ist, bringt die Hofpfisterei – der Name stammt vom lateinischen *Pistor*, der Bäcker – den Qualitätsanspruch in das Traditionshandwerk zurück. Mit Erfolg. Denn statt die Semmeln und Brezen bei Back-Discountern zu kaufen, greifen die Münchner immer mehr zu ökologisch korrekter Qualität. Mit 139 Filialen und knapp 60 Millionen Euro Jahresumsatz ist die Hofpfisterei die mit Abstand größte deutsche Ökobrotproduktion. 30 verschiedene Sorten Natursauerteigbrote liegen in den Holzregalen der Geschäfte aus, die alle aus derselben Backstube stammen: Die liegt in einem Hinterhof am Stiglmairplatz. Eine Auflistung aller Hofpfisterei-Filialen in München unter: **www.hofpfisterei.de**

des Restaurants noch der der Gerichte (Ente Elvis) weisen daraufhin, dass es hier italienische Küche vom Feinsten gibt. Das zu einem tollen Preis-Leistungs-Verhältnis.
Mariannenstraße 2
Tel. 29 88 03
www.nageundsauge.de
tgl. 17.15-1 Uhr €

(D 4) Osteria Italiana

Der erste Italiener, der 1890 in München eröffnet wurde. Die Möbel haben Patina, aber das Essen ist wundervoll und authentisch italienisch.
Schellingstraße 62
Tel. 272 07 17
www.osteria.de
Mo-Sa 12 bis 14.30 und 18.30-23 Uhr €€

(C 3) Romagna Antica

In der Münchner Szene war das Romagna Antica schon immer DER Italiener. Bundesweit bekannt wurde das Restaurant als „Rossini", mit dem Film, den Helmut Dietl seinem Lieblingsrestaurant widmete. Es gibt sie wirklich, die verspiegelten Säulen, die das Beobachten der Promis, die hier nach wie vor verkehren, erleichtern. Das Essen ist solide, hier aber manchmal nur Nebensache...
Elisabethstraße 52
Tel. 271 63 55
Mo-Do ab 12-14.30 Uhr und 19 bis 23.30 Uhr
Fr, Sa 19-23 Uhr €€

SCHICK

(D 5) Eisbach Bar & Küche

Am Schönsten ist das Eisbach an lauen Sommerabenden, wenn man auf der großen Terrasse im Hinterhof der Staatsoper sitzen kann, mitten in der Stadt und trotzdem ruhig. Aber auch tagsüber und wegen des cool designten Innenbereichs ist es immer einen Besuch wert. Die Gerichte sind international und einfallsreich.
Marstallplatz 3
Tel. 22 80 16 80
www.bar-kueche.de
tgl. 10-1 Uhr €€

(C 6) Essneun

Als Vorspeise gibt es Kalbs-Kokos-Schwarztee-Fondue, danach Rinderfilet mit Pflaume und Nougat. Das Essneun bietet im stylish-unterkühlten Ambiente wahrscheinlich Münchens ungewöhnlichste Küche. Doch während sich die Karte wie ein Gedicht liest, rechtfertigt das Essen die hohen Preise nicht immer. Für kulinarisch Experimentierfreudige lohnt sich der Besuch trotzdem. Sehr lecker: Das Spinat-Speck-Eis.
Hans-Sachs-Straße 9
Tel. 23 23 09 35
www.essneun.de
Mo-Do 19-1 Uhr
Fr u. Sa 19-2 Uhr €€€

(C 5) Lenbach

Fackeln beleuchten den Eingang, im Inneren geht man über einen Laufsteg zu seinem Platz: sehen und gesehen werden ist das Motto im Lenbach. Entsprechend beliebt ist das Lokal bei der Münchner Prominenz. Der 2200 Quadratmeter große Gourmettempel von Star-Architekt Sir Terence Conran befriedigt deren Ansprüche aufs Beste. Marmor und Stuck, gedämpftes Licht, dazu die längste Bartheke Münchens, eine Sushi-Bar im Entrée und internationale Küche. Reservieren ist Pflicht!
Ottostraße 6, Tel. 549 13 00
www.lenbach.de
Mo-Sa 11-14.30 Uhr und 18-1 Uhr €€

(E 6) Nektar

Münchens außergewöhnlichstes Gastro-Konzept! Mit Bettlandschaften, chilligen Möbeln, Lightshows. I-Tüpferl ist der Show-Mix aus Klassik-Künstlern, Lesungen oder Varieté.
Stubenvollstraße 1
Tel. 45 91 13 11
www.nektar.de
So/Di-Do 19-2 Uhr
Fr, Sa 19-3 Uhr €€

(E 2) Tantris

Einmal im Leben sollte man sich ein Essen im Tantris gönnen! Denn nicht nur die Kochkunst von Hans Haas entlockt Gourmets ein verzücktes Seufzen, auch der 70er-Jahre-Look in trüffelschwarz und hummerrot ist etwas ganz Besonderes. Für alle, die sich die Menüs ab 85 Euro nicht leisten wollen, gibt es seit neuestem die Tantris-Lounge auf der Galerie. Dort werden erschwingliches Fingerfood, Weine und Cocktails serviert. Unbedingt reservieren!
Johann-Fichte-Straße 7
Tel. 361 95 90
www.tantris.de
Di-Sa 12-15 u. 18.30-1 Uhr (Küche bis 22.30 Uhr) €€€

Bettlandschaft zur Party-Location

VEGETARISCH

(D 4) **Vegelangelo**
Ein romantisches kleines Restaurant für Genussvegetarier. Die Chefin kocht selbst und von der Vorspeise bis zum Dessert schmeckt alles vorzüglich.
Türkenstraße 76, Tel. 28 80 68 36
Di 18-24, Mi-Fr 12-14.30 u. 18-24, Sa 13-24 Uhr, So nach Reservierung €€

(D 5/6) **Zerwirk**
Jeder der denkt, veganes Essen sei eine triste Sache, wird in diesem veganen Restaurant eines Besseren belehrt: Das Essen ist superfrisch, vielfältig und köstlich gewürzt – keine Spur von langweiligem Rohkostbuffet! Das Ambiente erinnert an einen lässigen Club, und bunte Schattenrisse von fröhlichen Tieren an den Wänden und auf den Böden erinnern daran, dass man genießen kann, ohne sie zu futtern.
Ledererstraße 3, 2. Stock, Tel. 23 23 91 91
www.zerwirk.de *Mo-Sa 11-1 Uhr* €€

IMBISS

(D 6) **Bergwolf**
Da hinkt die „Weltstadt mit Herz" weit hinter der bundesweiten Konkurrenz hinterher: Denn die einzig vernünftige Currywurst der Stadt bekommt man beim Bergwolf. Die ist dafür großartig (probieren Sie die scharfe Soße!). Schließlich kommen die Bergwolf-Macher aus dem Ruhrgebiet.
Fraunhoferstr. 17 *Mo-Do 12-15 u. 18-2, Fr 12-15 u. 18-4, Sa 12-4, So 17-22 Uhr*

(D 5) **Bratwurst Glöckl**
Rostbratwürstl, Käsekreiner oder Stadtwurst – alle sind nach Hausrezept frisch zubereitet. Dazu gibt es Sauerkraut oder Kartoffelsalat. Köstlich: das frisch gezapfte Bier vom Fass.
Frauenplatz 9
www.bratwurst-gloeckl.de
Mo-Sa 10-1 Uhr, So 11-24 Uhr

(D 5) **Papa & Floana**
Wie wär's mit einem frischen Butterbrot, lecker belegt? Bei Papa und Floana gibt es 18 wunderhübsch angerichtete Sorten Brot mit Geflügelleber über Speck mit Ei bis Gervais mit Karotte.
Residenzstraße 23
www.papaundfloana.de
Mo-Sa 8-20 Uhr

CAFES

(D 5/6) **Bar Centrale**
Tagsüber trifft man sich hier zu Espresso und Tramezzini, abends auf einen Warmup-Aperitivo. Nette, winzige Italo-Bar. Szene-Treff im Zentrum.
Ledererstraße 23
Mo-Sa 8-1 Uhr, So 10-1 Uhr

(D 5/6) **Café Glockenspiel**
Hoch über dem Marienplatz thront das Café Glockenspiel mit seiner Dachterrasse. Vor allem bei Sonnenschein eine großartige Kulisse. Dazu leckerer Milchkaffee, Kuchen und kleine Köstlichkeiten.
Marienplatz 28
www.cafe-glockenspiel.de
Mo-Sa 10-1 Uhr, So 10-19 Uhr

(D 5) **Café Tambosi**
Die vordere Terrasse des Tambosi bietet Touristen und Einheimischen den 1000-Dollar-Blick auf Feldherrenhalle, Theatinerkirche und Odeonsplatz. Zum schauen und staunen. Wer es draußen und trotzdem ruhiger mag, setzt sich hinters Haus in den Hofgarten.
Odeonsplatz 18
tgl. 8-1 Uhr

(A 4) **Eiscafé Sarcletti**
Halb München rennt nach Neuhausen, um das beste Eis der Stadt zu schlecken. 54 Sorten, täglich frisch zubereitet von Schokolade und Zitrone bis zu exklusiven Geschmacksrichtungen wie Champagner.
Nymphenburger Straße 155
tgl. 8.30-23 Uhr

Ein Abend im Atomic Café ist wie eine Zeitreise in die Sechziger

Münchens bekannteste Bar ist die

CLUBS

(D 5) **Atomic Café**
Wahrscheinlich der bekannteste Retro-Club Deutschlands. Im Stil der Sixties mit hervorragendem Konzertprogramm – unzählige Top-Bands sind im Atomic aufgetreten, lange bevor sie Top-Bands wurden.
Neuturmstraße 5
www.atomic.de
Di-Do 22-3 Uhr
Fr/Sa 22-4 Uhr (bei Konzerten schon ab 21 Uhr)

(C 6) **Erste Liga**
Großspuriger Name für einen allerdings tatsächlich erstklassigen Elektro-Club direkt am Sendlinger Tor.
Thalkirchner Straße 2
www.ersteliga.com
Do-Sa ab 22 Uhr

(F 7) **Harry Klein**
Derricks Assistent als Namensgeber für einen kleinen Laden mit kleiner Tanzfläche und großen DJs. Vorwiegend Techno und House, eher Szene als Mainstream. Etwas außerhalb des Stadtzentrums.
Friedenstraße 10 (Optimolgelände)
www.harrykleinclub.de
Fr/Sa 23-6 Uhr

(F 7) **Milchbar**
Spätestens ab 2 Uhr nachts schlägt der unermüdliche Partymix der DJs immer an. Ausgelassene Stimmung an 365 Tagen im Jahr, gefeiert wird praktisch immer bis zu den ersten Sonnenstrahlen.
Friedenstraße 10 (Optimolgelände)
www.milchundbar.de
Mo-So ab 22 Uhr

(E 5) **P1**
Immer noch DER bekannteste Club der Stadt, seit mehr als 20 Jahren im Rampenlicht der Boulevard-Medien, inzwischen nicht mehr ganz so elitär wie früher. Dafür frisch renoviert, vergrößert und mit toller Sommerterrasse.
Prinzregentenstraße 1
www.p1-club.de
Mo-So ab 21 Uhr

(C 5) **Rote Sonne**
Neuer Club am Maximiliansplatz mit Parkettboden und gutem Sound. Benannt

Ich möchte bestellen.

Bitte liefern Sie die Produkte an folgende Adresse:

Name / Vorname des Bestellers

Straße / Haus-Nr. PLZ / Ort

Tel.-Nr. E-Mail

Datum / Unterschrift

Rechnung abwarten – bitte keine Vorauszahlung leisten. Die Lieferung erfolgt, innerhalb Deutschlands, porto- und versandkostenfrei. Auslandslieferungen auf Anfrage.

☐ Mit der Zusendung von Informationsmaterial bin ich einverstanden.

☐ Ich habe den Bestellwert von 25,– Euro erreicht und erhalte „Best of MERIAN" das Sammlerstück, das man nicht kaufen kann, als Dankeschön dazu.

Bitte tragen Sie hier Anzahl und Preise ein:

Produkt	Anzahl	Einzelpreis (Euro)	Gesamtpreis (Euro)
Süddeutsche Bibliothek		196,00	
MERIAN scout Fußball-Highlights 2006		149,00	
MERIAN guide Nobelmarken		12,90	
MERIAN live! München		7,95	
MERIAN live! Chiemgau		7,95	
MERIAN-Ausgaben:			
		Summe	

ANTWORT

MERIAN
Premium Shop
Postfach 60 12 20

D - 22212 Hamburg

Bitte freimachen Oder bestellen Sie per Fax: **040/27172079**

Bestellen Sie einfach und bequem per:

www.merian.de/shop

040 / 87 97 35 40

040 / 27 17 20 79

MERIAN-Leserservice,
Postfach 60 12 20, 22212 Hamburg

rles Schumann: Was hier gemixt wird, trinkt die Münchner Szene

nach dem Münchner Kultfilm mit Uschi Obermaier.
Maximiliansplatz 5
www.rote-sonne.com
Do-Sa ab 22 Uhr
bei Konzerten ab 21 Uhr

(D 5) **8 Seasons**
Mondäne Dachterrasse hoch über der Maximilianstraße. Eigentlich sollte der Club nur acht Jahreszeiten lang geöffnet sein. Wegen des großen Erfolges gibt es Verlängerung.
Maximilianstraße 2
www.8-seasons.com
Di 18-4, Do 19-4 Uhr
Fr/Sa 22-6 Uhr

BARS + KNEIPEN

(D 5) **Falk's Bar**
Edler Cocktailtempel im strahlend weißen Spiegelsaal. Perfekt geschüttelte Drinks, akkurater Service, pompöses Ambiente.
Promenadeplatz 2-6
Hotel Bayerischer Hof)
Mo-So 11-2 Uhr

(C 5/6) **Favoritbar**
Zwischen Sendlinger Tor und Stachus, in einem alten Ladenlokal. Meist sehr voll, täglich wechselnde DJs auf Clubniveau.
Damenstiftstraße 12
Mo-So 21-2 Uhr

(D 3) **Green Room**
Asiatischer Einrichtungsstil, viele Grünpflanzen, Wasserpfeifen zur Entspannung und 150 verschiedene Cocktails.
Leopoldstraße 13
Mo-Do 19-2, Fr/Sa 19-4 Uhr

(C 6) **Ksar**
Ein Münchner Barklassiker: Cocktails und Musik auf hohem Niveau.
Müllerstraße 31
Mo-So ab 20 Uhr

Münchens Nachtleben ist aufregend! Die besten Bars und Clubs der Stadt, für Sie ausgewählt von der Szene-Redaktion von PRINZ München

(E/F 6) **Negroni**
Klassisch eingerichtete, weitläufige Bar mit echten Fünf-Sterne-Deluxe-Cocktails.
Sedanstraße 9
So-Do 18-1, Fr/Sa 18-3 Uhr

(D 5) **Schumann's**
Wer Bar sagt, muss auch Schumann's sagen. Eine Institution in München. Charles Schumann bastelt an seinem Denkmal. Prominenz, die Münchner Journaille und Freunde klassischer American Bars tummeln sich hier.
Odeonsplatz 6-7
www.schumanns.de
Mo-Fr 17-3, Sa/So 18-3 Uhr

(C 6) **Die Bank**
Lässige Alternative für Kulturinteressierte: Im Erdgeschoss der ehemaligen Bankfiliale gibt es eine szenige Bar, im ersten Stock eine Galerie.
Müllerstraße 42
So-Do 17-2, Fr/Sa 17-3 Uhr

(D 6) **Trachtenvogl**
30 Sorten heiße Schokolade gibt es in dieser netten Retro-Bar in einem ehemaligen Trachtenladen. Man sitzt auf alten Sofas oder winzigen Grundschüler-Stühlchen und trinkt – in München eine Rarität – Astra-Bier.
Reichenbachstraße 47
www.trachtenvogl.de
tgl. 10-1 Uhr

(C 7) **Valentin Stüberl**
Liebevolle, kleine Bar im Schlachthofviertel. Am Wochenende Fußball auf der Leinwand.
Dreimühlenstraße 28
www.valentinstueberl.com
Mo-Do 18-1, Fr/Sa 18-2 Uhr

(D 2/3) **Zum Jennerwein**
Das Kontrastprogramm zu den allgegenwärtigen Design-lounges. Röhrender Hirsch trifft auf 70er-Jahre-Tapete. Musik ohne Scheuklappen, von Country bis Elektronik.
Belgradstraße 27
www.zumjennerwein.de
Mo-So 20-1 Uhr

MERIAN | TIPP

Bühne und Bordell

Bordeaux- und knallrot gestrichene Wände, warme Gelbtöne und stilisierte Kronleuchter, dazu edle Möbel aus dunklem Holz und schwere Taftvorhänge – die Renovierung des Mercure München City hat sich der Hotellerie-Riese Accor fünf Millionen Euro kosten lassen. Das Hotel in der Senefelder Straße, nur hundert Meter vom Deutschen Theater entfernt im Münchner Rotlichtbezirk gelegen, spielt augenzwinkernd mit Farb- und Einrichtungszitaten von Bühne und Bordell, ist aber vor allem ein modernes und sehr gemütliches Hotel. Besonders schön: Die Zimmer im 7. Stock, in denen die Betten auf einer zweiten Ebene stehen, die über eine Wendeltreppe erreichbar ist. Hervorragend ist auch das Frühstücksbüffet mit hausgebackenen Croissants!

(C 5) Senefelderstraße 9
Tel. 55 13 20, Fax 59 64 44
www.mercure.com
167 Zi. €€

Blue Spa im Bayerischen Hof: Der Pool hat ein Cabrio-Dach und über ihm thront das Sonnendeck

(C 10) **Arabella Sheraton Bogenhausen**
Erinnern Sie sich an die Szene in „Kir Royal", in der Mario Adorf als stinkreicher Industrieller im Bademantel dem Reporter Baby Schimmerlos droht: „Ich scheiß' dich zu, mit meinem Geld"? Gedreht wurde sie im 23. Stock des Arabella Sheraton Bogenhausen am legendären Dachgarten-Pool, der mit Pappmaché-Felsenlandschaft und Kunstpalmen noch immer an die kultigen 80er-Jahre erinnert. Die Zimmer des Hotels bieten einen tollen Blick über München und sind frisch renoviert. Das luxuriös-reduzierte Design in Schwarz und Weiß hat sogar einen Preis gewonnen.
Arabellastraße 5
Tel. 923 20, Fax 92 32 44 49
www.arabellasheraton.com
467 Zimmer €€

(C 10) **Arabella Sheraton Grand Hotel**
Ein Münchner Wahrzeichen, denkmalgeschützt, ist dieses 22-stöckige Hotel im Arabellapark. Zu den Olympischen Spielen 1972 gebaut, wurde es zur Jahrtausendwende komplett entkernt und von innen neu aufgebaut. Traditioneller Fünf-Sterne-Luxus mit edlen Materialien und zeitlosem Mobiliar oder bayerischem Charme. Zum Haus gehören das Gourmet-Restaurant „Die Ente vom Lehel", ein exquisites Altira-Spa mit riesigem Pool und der spektakulärste Blick über München – an schönen Tagen bis zu den zum Greifen nah scheinenden Alpen.
Arabellastraße 6
Tel. 926 40, Fax 92 64 86 99
www.arabellasheraton.com
643 Zimmer €€€

(A 6) **Ars Vivendi**
Ein Hotel mit italienischem Schick im Westend. Großzügige, modern möblierte Zimmer, alle mit Balkon und mit Originalkunstwerken dekoriert.
Anglerstraße 19
Tel. 508 07 00, Fax 50 80 70 70,
www.hotel-ars-vivendi.de
29 Zi. €€

(D 5) **Bayerischer Hof**
Die Adresse Münchens für Luxus und Komfort. 1841 ließ König Ludwig I. das Hotel als komfortable Herberge für seine Staatsgäste bauen. Mittlerweile schaffen Popstars die Legenden des Hauses: Bei einer Prügelei an der Hotelbar verlor Oasis-Sänger Neil Gallagher zwei Schneidezähne. Auch für Tagesgäste lohnt sich ein Besuch, seit in den obersten drei Etagen das „Blue Spa" neue Wellness-Maßstäbe setzt.
Promenadeplatz 2-6
Tel. 212 00 Fax 212 09 06
www.bayerischer hof.de
395 Zi. €€€€

(D/E 3) **Cosmopolitan**
„Drei-Sterne-Hotels sind auch nicht mehr das, was sie mal waren" ist der Werbespruch des Cosmopolitan und er stimmt: Alle Zimmer haben Balkon und sind edel-schlicht mit Ligne-Roset-Möbeln ausgestattet.
Hohenzollernstraße 5
Tel. 38 38 10, Fax 38 38 11 11
www.cosmopolitan-hotel.de
63 Zimmer €€

(C 5) **Easy Palace Station Hotel**
Super zentral am Bahnhof liegt dieses günstige Hotel, dessen

Preiskategorien

Alle Adressen im Info-Magazin sind MERIAN-Empfehlungen. Preiskategorien Hotels: Der Preis für das günstigste Doppelzimmer liegt bei € bis 80 € €€ 80 bis 130 € €€€ 130 bis 220 € €€€€ über 220 €

Beste Shopping-Tipps gibt's im Buch aus dem teNeues Verlag Cool Shops Munich, 135 Seiten, 14,90 €

Zimmer nach Anspruch und Geldbeutel in Kategorien von Easy Dorm (4 bis 6 Betten) bis Easy Deluxe (geräumiges Doppelzimmer) eingeteilt sind. Besonders clever: von 21 bis 9 Uhr ist das Parken umsonst.
Schützenstraße 7
Tel. 552 52 10
Fax 552 52 15 05
www.easypalace.de *54 Zi.* €

(E 6) **Dorint Novotel München City**
Hoch über der Isar in der Au gelegen, hat man aus den oberen Zimmern einen herrlichen Blick auf die Türme vom Müllerschen Volksbad und das Deutsche Museum. Nur wenige Gehminuten bis zum Isartor. Von außen ist das Haus keine Schönheit, aber die Zimmer sind modern und hell, im minimalistischen Stil eingerichtet.
Hochstraße 11
Tel. 66 10 70, Fax 66 10 79 99
www.dorint.de *305 Zi.* €€

(B 5) **Four Points Hotel Central**
Perfekte Lage zum Oktoberfest, direkt an der Theresienwiese. Reizvoll sind die Zimmer mit Terrasse, auf der es sich vortrefflich frühstücken lässt.
Schwanthalerstraße 111
Tel. 51 08 30
Fax 51 08 37 58
www.arabellasheraton.com
102 Zimmer €

(D 7) **Hotel Am Nockherberg**
Nicht nur zur Starkbierzeit zu empfehlen, denn dieses schlicht-gemütliche Hotel ist dank seiner idyllischen Lage im Grünen eine Oase der Ruhe. Und dennoch läuft man zu Fuß höchstens zehn Minuten bis ins Zentrum!
Nockherstraße 38a
Tel. 623 00 10, Fax 62 30 01 29
www.nockherberg.de
38 Zi., 10 Apartments €

(E 3) **Hotel Gästehaus Englischer Garten**
Im Garten der denkmalgeschützten Villa plätschert ein kleiner Bach, das Frühstücksbüffet ist liebevoll ausgewählt – in diesem herrlich altmodischen (und sensationell günstigen) Gästehaus entspannen Mensch und Geldbeutel.
Liebergesellstaße 8
Tel. 383 94 10
Fax 38 39 41 33
www.hotelenglischergarten.de
25 Zimmer €

(B 10) **Hotel Laimer Hof am Schloss**
Direkt am Schloss Nymphenburg liegt diese Hotelvilla im Stil der Neorenaissance. Freundliches, familiengeführtes Haus, wegen seiner idyllischen Lage am Schlosspark perfekt für ein romantisches Wochenende geeignet.
Laimerstraße 40
Tel. 178 03 80
Fax 178 20 07
www.laimerhof.de *23 Zi.* €€

(C 5) **Hotel Marienbad**
Wer in einem Hotel Schick und Design nach der neuesten Mode sucht, wird hier nicht glücklich. Wer aber historisches Flair liebt, der wird das familiengeführte Haus mögen, in dem schon Künstler wie Clara Schumann, Sigmund Freud, Giacomo Puccini und Rainer Maria Rilke wohnten.
Barer Straße 11
Tel. 59 55 85
Fax 59 82 38
www.hotelmarienbad.de
30 Zimmer €€

(C 6) **Hotel Olympic**
Mitten im quirligen Glockenbachviertel und trotzdem eine Oase der Ruhe. Die Zimmer in diesem Gründerzeit-Haus sind mit einem charmanten Mix aus Alt und Neu möbliert und die meisten gehen zum ruhigen, begrünten Hof. Perfekt zum Entspannen. Aber auch zum Arbeiten, denn jedes Zimmer hat einen großen Schreibtisch.
Hans-Sachs-Straße 4
Tel. 23 18 90
Fax 23 18 91 99
www.hotel-olympic.de
38 Zimmer €€€

(E/F 5) **Hotel Ritzi**
Direkt hinter dem Maximilianeum liegt dieses ganz besondere Hotel, eine stilvolle Bogenhausener Villa, in der kein Zimmer dem anderen gleicht. Besonders cool ist das Surfer-Zimmer, in dem ein Board über dem Bett hängt. Andere Zimmer sind zu den Themen Afrika, China oder Orient eingerichtet, auf den Fluren stehen edle Kunstobjekte aus fernen Ländern.
Maria-Theresia-Straße 2 a
Tel. 419 50 30
Fax 41 95 03 50
www.hotel-ritzi.de
25 Zimmer €€€

Bayern®

lust auf **natur**

Auf geht`s – raus geht`s

www.bayern.by

Baron Süsskind & sein Schlosspark Dennenlohe!

Rhododendron- und Landschaftspark mit vielen Inseln

Das Ausflugsziel im Fränk. Seenland, nur 90 Min. von München entfernt. Von April - Juni bestiсht der 10 ha große Park durch tausende Rhododendren & Azaleen. Malerische Stege & Brücken führen durch die Themengärten. Gartenmesse, Konzerte, Oldtimer Museum, Biergarten, Restaurant, Galerie & Antiquitäten im barocken Gutshof.

Schloss Dennenlohe • 91743 Unterschwaningen
Tel.: 0 98 36 / 9 68 88 • Fax: 0 98 36 / 9 68 89
schloss@dennenlohe.de • www.dennenlohe.de

Kinderland-Ort Fischbachau

Mit der Natur auf du und du im romantischen Leitzachtal

Fischbachau bietet zu jeder Jahreszeit unvergessliche Naturerlebnisse z Entdecken und Erleben: abwechslungsreiches Wandergebiet, ideal für Rad-Biketouren, attraktives Warmfreibad, Reitsport sowie spannende Aktivp gramme und Wintersportangebote.

Tourismusbüro Fischbachau
Kirchplatz 10
83730 Fischbachau
Tel.: 0 80 28 / 8 76
Fax: 0 80 28 / 90 66 43
info@fischbachau.de
www.fischbachau.de

Berchtesgadener Land - Festspiele der Natur

Bühne frei für aktiven Urlaub!

Majestätisch ragt er auf über dem Berchtesgadener Land: Der Watzmann, mit mehr als 2.700 Metern zweithöchster Berg Deutschlands. Er ist König in einem herrlichen Reich: Im Süden des Landkreises lädt der Nationalpark Berchtesgaden zu Wanderungen in die Lebensräume von Steinadler und Murmeltier ein. Rund um den weltberühmten Königssee, Kehlsteinhaus, Salzbergwerk und Jenner warten unvergessliche Urlaubserlebnisse. Darf es ein wenig Wellness sein, gepaart mit klassischer Musik? Bad Reichenhall entführt seine Besucher in die Gesundheitstradition des Salzes, dazu sorgt das Philharmonische Orchester für Hörgenuss à la Mozart und Beethoven. Im Norden des Landkreises steht Fahrradfahren hoch im Kurs. Vorbei geht es am wärmsten Moorbadesee Deutschlands durch geheimnisvolle Moorlandschaften zu idyllisch gelegenen Städtchen wie Saaldorf und Piding. Natur und Kultur, Wellness, Sport und Erholung im Sommer wie im Winter. Also – schöner geht's wirklich nicht mehr!

Ausflugs-Tipp:

Im Wanderprogramm des Alpen-Nationalparks Berchtesgaden finden Sie eine Vielzahl von interessanten Angeboten z.B.

- Botanische Wanderung
- Adlerwanderung ins Klausbachtal
- Salz – das weiße Gold
- Mit dem Forscher unterwegs

Speziell für Kinder z.B.

- Mit Pferden unterwegs
- Dem Murmeltier auf der Spur u.v.m.

Berchtesgadener Land Tourismus GmbH
Bahnhofplatz 4 • 83471 Berchtesgaden
Tel.: 0 18 05 / 86 52 00 • Fax: 0 86 52 / 6 56 50-99
info@berchtesgadener-land.com • www.berchtesgadener-land.com

Bodenmais – aktiv die Natur erleber

Wanderparadiese im und um den Nationalpark Bayerischer Wald

Auf 136 km markierten Wanderwegen können Sie die wunderschöne Natur rund Bodenmais erfahren und erforschen, entweder bei geführten Wanderungen unseren erfahrenen Wanderführern, Seniorenwanderungen, Spaziergängen c Nordic Walking und -Cruising. Einige unserer Wanderwege sind auch Kinderwagen und Rollstuhl geeignet.
Erkunden Sie die Schachten im Natur- und Nationalpark Bayerischer Wald verbringen Sie Ihren Urlaub im größten zusammenhängenden Waldgeb Europas.
Zu jeder Jahreszeit ist Wandern in und um Bodenmais möglich: Frühlingsfrische Natur erwachen im Frühjahr, schattige, duftende, summende Wälder im Som bunt gefärbte Bäume zwischen dunklen Tannen im Herbst und glitzernde, sch bedeckte Wälder im Winter. Bis bald im einzigen heilklimatischen Kurort mit 1. Nordic Aktiv Zentrum des Bayerischen Waldes.

Wander-Tipp:

Eine Wanderung zum 955 m ho Silberberg, dem Wahrzeichen v Bodenmais, bietet Naturvergnügen, Spiel und Spaß für ganze Familie:

- die Silberbergbahn
- das historische Besucherberg
- die Sommerrodelbahn
- der große Abenteuer-Spielpla

Glück Auf!

Bodenmais-Tourismus
Bahnhofstr. 56 • 94249 Bodenmais
Tel.: 0 99 24 / 7 78-135 • Fax: 0 99 24 / 7 78-150
info@bodenmais.de • www.bodenmais.de

www.bayern.by

:urhotel Fontenay ***** - Bad Wörishofen

:klusiver Urlaub für Verwöhnte

s familiär geführte Haus bietet dem anspruchsvollen Gast ganzjährig

igene Therme mit Natursaline und Solegrotte
lallenbad mit Massagedüsen und Sprudel, Freibad mit Wasserfall von
ler Felswand
tilvoll gestaltetete Wellnessoase mit 5 Saunen, Erlebnisbädern,
lamam, Rasulbad
nedizinische Kneippbäder und Physiotherapie mit kompetenter Betreuung
xquisite Beauty-, Fitness-, Gymnastik- und Entspannungsangebote

fekte Gastrokultur, eine ideenreiche Küche und wöchentliche Galadinner
vie der beispielhafte Service des FONTENAY werden in namhaften Gourmet-
rern gelobt.

Das FONTENAY ist gelebte Erinnerung an eine Zeit ohne Hektik für den Gast, der die Individualität eines Hotels ohne Bus- oder Gruppenreisen zu schätzen weiß.

Willkommem im FONTENAY - einer der ersten Adressen Bad Wörishofens!

:otel & Spa FONTENAY *****
waldstraße 8 - 12 • 86825 Bad Wörishofen
: 08247/306-0 Fax: 08247/306-185
tenay@t-online.de • www.hotel-fontenay.de

SEBASTIANEUM - Bad Wörishofen

Ihre Gesundheit in guten Händen

Das Sebastianeum steht seit seiner Gründung für große naturmedizinische Kompetenz. Eine warme und freundliche Atmosphäre umgibt Sie vom ersten Tag an. Hier hat man Zeit für Sie. Das schöne historische Haus, der ruhige Garten sowie die liebevolle Art unserer Schwestern - alles ist dazu da, um Ihnen wieder Kraft für den Alltag zu geben.

5 Tage TCM mit Kneipp

- TCM-Anamnese mit Puls- und Zungendiagnostik
- Sonocheck, Labor-Check-up mit Blutbild, Blutfett, Harnsäure, Nieren- und Leberwerte, Elektrolyte
- 5 harmonisierende Kneippanwendungen
- 3x Akupunktur, 1x Akupunkturmassage nach Penzel
- 1x Fußreflexzonenmassage

TCM mit Kneipp

5 Tage ganz im Zeichen der Gesundheit

4 Übernachtungen inkl. Vollpension und oben genannter Leistungen

589,- €

pro Person (Kat. II), zzgl. Kurtaxe

Kneipp'sche Stiftungen, SEBASTIANEUM
Kneippstraße 8 • 86825 Bad Wörishofen
Tel.: 08247/355-0 • Fax: 08247/355-255
reservierung@barmherzige-bad-woerishofen.de • www.kneippsche-stiftungen.de

otel Eisvogel **** - Bad Gögging

Wohlfühl-Oase im bayerischen Landhaus-Stil

Das 4-Sterne-Hotel *Eisvogel* verwöhnt klassisch und innovativ, mit großen Zimmern, viel Ambiente und einer ausgezeichneten Küche. Freuen Sie sich auf eine Oase der Erholung in idyllischer Naturlage. Drei natürliche Heilmittel (Schwefel, Moor, Thermal), Medical Wellness, Wohlfühlarrangements und Pauschalangebote für *Sie* und *Ihn*.

el Eisvogel ****
ler Abens 20 • 93333 Bad Gögging
09445/9690 • Fax: 09445/8475
@hotel-eisvogel.de • www.hotel-eisvogel.de

Parkhotel Heidehof ****S - Ingolstadt

Orientalische Wohlfühloase für alle Sinne

Tauchen Sie in unserer orientalischen Beautyfarm und exklusiven Wellnesslandschaft ab in eine entspannende Atmosphäre. Erleben Sie Sommerfeeling pur in unserem orientalischen Außenambiente und lassen Sie Ihre Gedanken bei dem Genuss einer Wasserpfeife in der Hotelbar schweifen.
Spezielle Wellness-Wochenendarrangements.

PARKHOTEL HEIDEHOF ****S
Ingolstädter Str. 121 • 85080 Ingolstadt/Gaimersheim
Tel.: 08458/640 • Fax: 08458/64-230
info@parkhotel-heidehof.de
www.parkhotel-heidehof.de

www.bayern.by

MERIAN | DESIGNHOTELS

Schlafen mit Stil

Herbergen der Moderne: minimalistische Möbel und lässige Lichtinstallationen

Mit dunklem Stoff bespannte Wände oder eine Badewanne, die mitten im Raum steht – zu Hause will das kaum jemand haben. Im Hotel aber ist Design immer gefragter. In München gibt es bisher drei Hotels mit durchdachtem Konzept. Und die sind einen Besuch auch dann wert, wenn man den ganzen Tag nur das Zimmer genießen will.

Lichtskulptur im Foyer des Dorint Sofitel Bayerpost

ANNA HOTEL Sechster Stock, eines von sechs halbrunden Zimmern, spektakulärer Blick auf die Kuppel des Justizpalastes und die Frauenkirche. Doch die Aufmerksamkeit gilt nicht dem Panorama, sondern einer pink beleuchteten, frei stehenden Badewanne in der Mitte des Raumes. Sie ist das Schmuckstück der Suite 001, hinter dem Mahagoniparkett, Granitfliesen und mundgeblasene venezianische Vasen verblassen. Schon kurz nach der Eröffnung 2002 war das „Anna Hotel" der Zeitschrift *„Architektur & Wohnen"* eine Aufnahme unter die 100 besten Designhotels Europas wert: mit Donghia-Möbeln in warmen Gelb- und Rottönen und Bädern aus Glas und schwarzem Marmor. Seit 2005 gibt es 17 neue Zimmer, die mit neuen Raffinessen, zum Beispiel einer farbigen Lichtshow im Bad, aufwarten.
Anna, das war die verstorbene Großmutter der Hotelbesitzer und die Gründerin des Familienbetriebs, zu dem mittlerweile vier Münchner Hotels gehören. Das Designhotel „Anna" ist das jüngste Kind der Familie. Die alte Dame hätte sich das nach ihr benannte Urenkelchen bestimmt erstaunt angesehen. Und wäre sehr stolz darauf gewesen!

CORTIINA Beige, dunkelgrün und schwarzbraun – das sind die Farben des „Cortiina". Geöltes Parkett, Möbel aus Mooreiche und Filz-Lampenschirme – die warmen Töne machen aus minimalistisch designten Zimmern echte Wohlfühlhöhlen – die vortrefflich zu den offenen Wellness-Bädern passen, von den Zimmern nur mit Glasscheiben abgetrennt. Vor diese lassen sich Holztüren klappen oder schieben, damit die Privatsphäre erhalten bleibt, wenn's gewünscht wird. Glas, Stahl und polierter Jura-Naturstein sowie Pflegeprodukte der New Yorker Kultmarke „Kiehl's" machen aus diesen Naßzellen Miniatur-Spas.
Seinen extravaganten Namen verdankt das „Cortiina" dem Lieblings-Wintersportort seiner Besitzer-Brüder und der Tatsache, dass Fengshui-Experten für den Namen des Hotels eine gerade Zahl von Buchstaben empfahlen (daher das zweite I). Klingt sympathischer, heißt es. Hat das ein Haus, in dem nette Gesten wie frische Blumen und Gratis-Mineralwasser auf den Zimmern selbstverständlich sind, überhaupt nötig? Die Rezeptionsdamen nicken eifrig. Und zünden den Kamin in der Lobby-Bar an, um den sich auch Einheimische abends versammeln. Sie allerdings müssen spätestens zur Sperrstunde nach Hause, während der „Cortiina"-Gast in aller Ruhe die Design-Einrichtung auf sich wirken lassen kann.

DORINT SOFITEL BAYERPOST Die „Bayerpost" ist ein architektonisches Überraschungsei. Außen gibt es statt Schokolade Neoklassizismus: Die denkmalgeschützte Fassade der Königlich-Bayerischen Post, 1896 erbaut. 97 Jahre Postamt hatte das Gebäude auf dem Buckel, dann stand es acht Jahre leer. Bis Architekten die Idee hatten, die geschützten Außenmauern stehen zu lassen, innen jedoch alles für ein neues Hotel zu entkernen. Ein Haus im Haus, ultramodern, hell und luftig, das totale Kontrastprogramm zum äußeren Baudenkmal.
Die Verbindung zwischen alter Hülle und neuem Hotel ist in der Bibliothek sichtbar, die wie ein Korridor entlang der alten Fassade an der Bayerstraße verläuft: Dicke Stahlstreben halten die Konstruktion, darüber ein Glasdach. Die Atmosphäre ist hell und luftig. Dort, wo einst in der Schalterhalle Beamte Briefmarken verkauften, ist heute das 23 Meter hohe Foyer, geheimnisvoll erleuchtet von einer Lichtskulptur, die sich auf dem glänzenden Parkett spiegelt und ihren Schein auch auf die Wände aus Schieferbruchstein wirft.
In den Zimmern dominieren die Farben Grau, Silber, Dunkelrot, dazu ein wenig Flieder. Bespannte Wände harmonieren mit hochwertigen Hölzern. Fotos aus dem Film „Getaway" mit Steve McQueen hängen neben zunächst kryptisch erscheinenden Buchstabenreihungen. Erst auf den zweiten Blick erkennt man darin Sätze, ohne Leerzeichen geschrieben. Es sind Zitate aus dem Film. „Hauabschnellweghierkommjetztlos", steht da zum Beispiel. Dabei würde man am liebsten für immer bleiben, in dieser nach Süden verglasten Maisonette im achten Stock, in der an klaren Morgen das Spiegelbild der Alpengipfel lockt. *Anja Haegele*

Anna Hotel, Schützenstr. 1 (C 5), Tel. 59 99 40, Fax 59 99 43 33, www.annahotel.de 73 Zi. €€€; Cortiina, Ledererstr. 8 (D 5/6), Tel. 242 24 90, Fax 242 24 91 00, www.cortiina.com 35 Zi. €€€; Dorint Sofitel, Bayerpost Bayerstr. 12 (B 5), Tel. 59 94 80, Fax 599 48 10 00, www.dorint.com 396 Zi. €€€

(D 6) **Hotel Torbräu**
)as älteste Hotel Münchens, n der historischen Altstadt ge- egen, hat in 500 Jahren Herbergsbetrieb viele promi- nente Gäste bewirtet, wie um Beispiel das Münchner)riginal Karl Valentin. Heute st das Torbräu ein gediegenes Vier-Sterne-Haus.
al 41, Tel. 24 23 40
'ax 24 23 42 35
vww.torbraeu.de *92 Zi.* €€€

(D 5) **Kempinski Hotel Vier Jahreszeiten**
)as luxuriöseste Hotel Mün- hens, hier wohnen Staatsgäste nd alle, die die Nähe zu den Boutiquen von Gucci, Hermès nd Dior an der Maximilian- traße suchen. Die Zimmer sind eitlos-elegant eingerichtet, er Service ist – selbstverständ- ch – exzellent.
Maximilianstraße 17
el. 212 50, Fax 21 25 20 00
vww.kempinski-vierjahres eiten.de *308 Zi.* €€€€

(B 6) **Mariandl**
tuckdecken, Parkett, ntiquitäten und Kronleuchter Intellektuelle lieben das Mariandl. Wohl auch, weil zum Hotel das älteste Konzert- afé Münchens gehört – hier bt es jeden Abend Live- Musik im original Wiener Kaffeehausambiente.
Goethestraße 51
Tel. 54 40 43 48
Fax 54 40 43 96
www.hotelmariandl.com
29 Zimmer €

Dunkle Farben dominieren die Lounge im Anna Hotel

(F 5) **Hotel München Palace**
Im Palace wohnen gerne Intellektuelle und Künstler, die Geschmack und Atmosphäre des Hauses lieben: Gemütlich wie eine kleine Familien-Pension aber mit den Annehmlichkeiten eines Luxushotels und besonders aufmerksamem Personal. Toll zum Erholen: die Dachterrasse und der liebevoll gepflegte Garten.
Trogerstraße 21
Tel. 41 97 10, Fax 41 97 18 19
www.daspalace.de
74 Zimmer €€€

(D 6) **Pension am Gärtnerplatztheater**
Hier schläft man in verschnörkelten Himmelbetten, in mit Liebe zum Detail ausgestatteten Zimmern voller Prunk, Samt und Porzellan. Das Frühstück wird im Salon serviert.
Klenzestraße 45
Tel. 202 51 70, Fax 20 25 17 22
www.pension-gaertnerplatz theater.de *10 Zi.* €€

(D 3) **Pension am Kaiserplatz**
Allerliebst, diese Jugendstilvilla mit ihren stilsicher eingerichteten Zimmern. Familiäre Behaglichkeit will die Besitzerin bieten. Was ihr jeden Morgen gelingt, wenn sie das Frühstück aufs Zimmer serviert.
Kaiserplatz 12
Tel. 34 91 90, Fax 33 93 16
10 Zimmer €

(D 5) **Platzl Hotel**
Im Lederhosen-Dreieck zwischen Marienplatz, Viktualienmarkt und dem Hofbräuhaus gelegen ist das Platzl mit seiner gediegen-bayerischen Einrichtung das Richtige für einen zünftigen München-Aufenthalt.
Sparkassenstraße 10
Tel. 23 70 30, Fax 23 70 38 00
www.platzl.de
167 Zimmer €€€

BÜCHER

(E 3) **Buchhandlung Lehmkuhl**
Münchens renommierteste Buchhandlung, hier kauften Rilke, Kästner und Thomas Mann. Das Sprichwort sagt, was bei der „Kuhle" auf dem mehr als hundert Jahre alten Flügel liegt, gehöre „zur Literatur". Umfassende Beratung, sehr netter Service und ideale Rückzugsmöglichkeiten zum Schmökern.
Leopoldstraße 45
www.lehmkuhl.net
Mo-Fr 9.30-20 Uhr
Sa 9.30-18 Uhr

(D 5) **Hugendubel English Bookshop**
Im Hugendubel-Stammhaus gibt's seit neuestem den „English Bookshop" mit der wohl größten Auswahl an englischsprachigen Büchern im Raum München. Außerdem in diesem Haus: das bereits 111 Jahre alte Antiquariat mit seiner riesigen Auswahl an entsprechenden Büchern und Graphiken.
Salvatorplatz 2
www.hugendubel.de
Mo-Sa 10-20 Uhr

(D 6) **Geobuch**
Die geografische Buchhandlung bietet ein riesiges und ausgezeichnetes Sortiment an Reiseführern und Landkarten. Außerdem ist der Laden seit Jahren auf Seekarten und maritime Literatur spezialisiert.
Rosental 6
www.geobuch.de
Mo-Fr 9-19 Uhr, Sa 9-18 Uhr

Buchhandlung L. Werner
Eine Fundgrube für Kunstfreunde in der Passage zwischen Theatiner- und Residenzstraße, auf zwei Etagen bis unter die Decke angefüllt mit Büchern, Bildbänden und Magazinen zu den Themen Fotografie, Design, Mode und Kunst. Eine Filiale gegenüber der Pinakothek der Moderne widmet sich Architektur, Städtebau sowie Garten- und Landschaftsgestaltung.
www.buchhandlung-werner.de
Kunst und Fotografie:
(D 5) Residenzstraße 18
Mo-Fr 9.30-19, Sa 9.30-18 Uhr
Architektur:
(D 4) Türkenstraße 30
Mo-Mi 9.30-19 Uhr, Do, Fr 9.30-19.30 Uhr, Sa 9.30-18 Uhr

Rund um die Maximilianstraße: Luxus-Shoppen

DELIKATESSEN

(D 5) **Dallmayr**
Hier bedient Sie die Frau mit der Schürze aus dem Werbespot – und sie hat tausendmal mehr im Angebot als nur Kaffeebohnen: Hummer, Pralinen, Käse, knuspriges Brot, edler Schinken – alles von feinster Qualität. Und die hat natürlich ihren Preis.
Dienerstraße 14-15
www.dallmayr.de
Mo-Fr 9.30-19 Uhr, Sa 9-18 Uhr

(C 6/7) **Götterspeise**
Möbel aus Holz und rotem Leder und spanische Musik sind die Kulisse für ein wahres Schoko-Schlemmerland. Keine Frage, hier werden die besten Schokoladen der Welt verkauft. Aus Belgien, Frankreich, Österreich. Und: handbemalte Pralinen aus Australien.
Jahnstraße 30
www.goetterspeise-muenchen.de
Mo-Fr 8-19 Uhr, Sa 9-18 Uhr

GESCHENKE UND SOUVENIRS

(D 6) **Designerei**
In diesem lässigen Laden am Gärtnerplatz gibt es viel schönen Krimskrams zum Verschenken und selbst Genießen: Notizbücher, Karten, Drucksachen und Nützliches aus Filz. Ein kleiner Teil des Ladens ist eine Galerie, in der junge Designer ihre Arbeiten präsentieren.
Gärtnerplatz 1
www.team4-muc.de
Di, Mi 10-19 Uhr
Do, Fr 10-20 Uhr, Sa 10-18 Uhr

(F 6) **Doppler**
Kissen, Taschen, Schönes ist der Untertitel, den sich dieser Laden gegeben hat – und der Name ist Programm: Ausgefallen sind zum Beispiel die handbemalten Schuhspanner und Kisten im vielfältigen Angebot.
Metzstraße 15
www.doppler-muenchen.de
Mi-Fr 12-18, Sa 11-15 Uhr

(D/E 4) **Japansalon**
Kunst, Kitsch und Kimono: der Salon ist ein Forum für das moderne Japan. Mangas, Design und schrille Mode, direkt importiert aus Fernost, außerdem häufig Ausstellungen und Veranstaltungen.
Ohmstraße 3
www.japansalon.de
Mo-Fr 11-19, Sa 11-16 Uhr

INFO SHOPPING

KAUFHÄUSER UND PASSAGEN

(D 5) Fünf Höfe
Perfekt für den Kaufrausch in edlem Ambiente: Auf 5000 Quadratmetern sind in den Fünf Höfen neben der Hypo-Kunsthalle und Charles Schumanns („Schumann's") neuer Tagesbar vor allem Trendmarken aus Italien im Angebot. Straßenmusikanten müssen draußen bleiben, dafür hat Kunst ihren festen Platz, z.B. mit einer Skulptur von Olafur Eliasson im Viscardihof.
Theatinerstraße
www.fuenfhoefe.de
Mo-Fr 10-19 Uhr
Sa 10-18 Uhr

(D 5/6) Ludwig Beck
Die raffinierte Schaufensterdeko, die Beats der Hintergrundmusik, die erlesene Auswahl in den Abteilungen – bei Ludwig Beck ist alles ganz besonders schön. Völlig zu Recht nennt der Laden sich „Kaufhaus der Sinne". Außer toller Mode gibt es dort edle Kosmetik, traumhafte Papierwaren und eine gute Musikabteilung.
Marienplatz 11
www.ludwigbeck.de
Mo-Sa 10-20 Uhr

(D 5) Luitpoldblock
Den Luitpoldblock könnte man fast zu Münchens Wahrzeichen zählen: Knapp 200 Jahre alt ist das Gebäude, seit 1814 beherbergt es Läden und Geschäfte, früher sogar eine Brauerei. Das Café Luitpold, das 1888 dort eröffnet wurde, gehörte zu den berühmtesten Kaffeepalästen seiner Zeit. Heute ist der Luitpoldblock eine luxuriöse Einkaufspassage mit integriertem Palmengarten. Lalique, Missoni und Bang & Olufsen sind nur drei der ausgesuchten Fachgeschäfte.
Brienner Straße 11
www.luitpoldblock.de
Mo-Fr 9-20 Uhr, Sa 8-19 Uhr
Okt.-Mai So 10-18 Uhr

Gewürze, Oliven und Öle – in b

(D 6) Schrannenhalle
Ein „Covent Garden" für Mü chen wollten die Macher der Schrannenhalle schaffen – s ganz ist das nicht geglückt. Denn statt Kultur gibt es hie rund um die Uhr vor allem Allerweltskommerz und Sys temgastronomie. Trotzdem is die Schrannenhalle einen Be such wert, bei schlechtem Wetter oder wenn Konzerte oder Lesungen stattfinden.
Viktualienmarkt 15
www.schrannenhalle.de
tgl. 0-24 Uhr

MARKT

(D 6) Viktualienmarkt
Klar, anderswo ist es billiger Dafür ist der Viktualienmark schöner – und die Qualität der Waren ist kaum zu toppe Käse, Gewürze, Fleisch, Brot, Gemüse und Obst, Fisc Beeren ... Köstlichkeiten, so weit das Auge reicht.
Mo-Fr 10-18, Sa 10-16 Uhr

MODE

(E 5) Klamotte
Haute Couture der extravaga ten Sorte in den neu gestylten Maximilianhöfen: Die Ko lektionen von Designern wie Yohji Yamamoto, Issey Miyake, Junya Watanabe und Comme des Garçons be weisen, dass man aus Stoff

ıität auf dem Viktualienmarkt

iel mehr machen kann als
eans und T-Shirts.
laximilianstraße 15
/ww.klamotte-fashion.com
lo-Fr 10-19 Uhr
a 10-18 Uhr

ɔ 6) **Serie A**
ı diesem Hinterhof in der
lenzestraße versteckt sich
in Concept Store mit Jung-
esigner-Kollektionen, z.B.
on Vanessa Bruno. Außerge-
öhnliche Accessoires und
endige Kunstausstellungen.
ildegardstraße 2
ww.serieastore.de
'o-Fr 11-20, Sa 11-18 Uhr

) 6) **Slips**
aumhafte Wäsche gibt es hier
uch – aber längst nicht
ur. Auch Street- und Abend-
arderobe großer Designer (zu
ider recht großen Preisen)
nd im Slips stilsicher ausge-
ählt. Außerdem schicker
chmuck, ausgesuchte Acces-
oires und eine kleine, feine
uswahl besonderer CDs.
ärtnerplatz 2
ww.slipsfashion.de
ɔ-Fr 10.30-19 Uhr
10.30-18 Uhr

6) **Südbrand**
lagst du einen Espresso?",
egrüßt die nette Verkäuferin
len Besucher. Ein cleverer
ck, denn bis der Kaffee fertig
, hat man sich in eines der

Teile von Filippa K., Baum und Pferdgarten oder Isabel Marant verliebt. Für ungeduldige Begleiter gibt es eine Soundecke mit cooler Musik.
Gärtnerplatz 6
www.suedbrand.de
Mo-Fr 11-19 Uhr
Sa 11-18 Uhr

(D 5) **Theresa**
Das höchste Lob, das man in München für seine Klamotten ernten kann: „Das ist von Theresa, oder?" Die Must-Haves der großen Designer, Kleidung, Schuhe und Taschen, außergewöhnlich stilsicher ausgesucht für die Dame in der Maffeistraße, für den Herrn ums Eck in einem Hinterhof der Theatinerstraße. Schade nur, dass Theresas Preise genau so exklusiv sind wie die Mode.
Maffeistraße 3
Salvatorstraße 2
www.theresa.de
Mo-Fr 10-19 Uhr,
Sa 10-18 Uhr

TRACHTEN

(D 5) **Loden-Frey**
Johann Georg Frey gründete 1842 die Weberei Frey und hatte bald Erfolg mit seinem gewalkten Wollstoff. Der große Durchbruch war der 1878 vom Sohn entwickelte wasserabweisende Loden. Im Kaufhaus sind Lodenmäntel und Trachten nach wie vor das Kerngeschäft, um mit der Zeit zu gehen, wird in den oberen Etagen auch italienische Designerware verkauft.
Maffeistraße 7-9
www.loden-frey.de
Mo-Mi 10-19, Do-Sa 10-20Uhr

(C 6) **Trachten Peteranderl**
Wunderschöne traditionelle und moderne Trachten. Von einem Fachbetrieb aus dem Chiemgau.
Lindwurmstraße 15
www.trachten-peteranderl.de
Mo-Fr 9.30-18.30 Uhr
Sa 9-13 Uhr

INFO STADTTOUR

München ist viel mehr als nur Oktoberfest und Hauptstadt der Bayern. Das zeigt Thomas Grasberger in seiner „Gebrauchsanweisung für München". Piper Verlag, 12,90 Euro

MERIAN | STADTRUNDGANG

Zu Fuß erleben

Sightseeing-Spaziergang durch die Innenstadt

München leuchtet: Marienplatz und Frauenkirche im Abendlicht

Der beste Startpunkt für einen Stadtrundgang ist der **Odeonsplatz,** die nördliche Grenze der alten Innenstadt: Richtung Norden stadtauswärts geht der Blick über die pompöse **Ludwigstraße** schnurgerade bis zum Siegestor, gen Süden führt die **Theatinerstraße** als Fußgängerzone stadteinwärts bis zum **Marienplatz.** Besichtigen Sie **Feldherrnhalle** und **Residenz** zu Ihrer Linken sowie die barocke **Theatinerkirche** zur Rechten, bevor Sie Richtung Innenstadt laufen und nach gut dreihundert Metern in die **Luxus-Einkaufspassage Fünf Höfe** einbiegen. Zurück auf der Theatinerstraße weiter Richtung Marienplatz, rechts abbiegen in die **Filserbräugasse** Richtung **Frauenkirche.** Vom Südturm der Kirche aus reicht der Blick über die gesamte Stadt.

Danach laufen Sie durch die **Augustinergasse** zur **Kaufingerstraße** und lassen sich mit den Menschenmassen auf der Shopping-Autobahn bis zum Marienplatz treiben. Dann durch die Bögen des **Alten Rathauses** zum niedrigsten Punkt der Münchner Innenstadt, in das Viertel zwischen Marienplatz und **Isartor,** das immer noch schlicht „Tal" heißt. Gleich rechts davon ist der **Viktualienmarkt:** Leberkäs-Semmel essen, frisch gepresste Säfte trinken, teuren Edelkäse kaufen oder auf den Bierbänken die Dorfidylle mitten in der Millionenstadt genießen. Anschließend über **Marien-** und **Neuturmstraße** zum **Hofbräuhaus,** vorbei am Neubau der **Kammerspiele** auf die Maximilianstraße. Bummeln Sie entlang der Schaufenster der teuren Boutiquen und dann entweder auf direktem Weg vorbei am 1811-18 erbauten **Nationaltheater** zurück zum **Odeonsplatz** oder durch die **Marstallstraße** zum **Hofgarten,** einem typischen Renaissancegarten, auf der Rückseite der Residenz mit Durchgang zum Odeonsplatz. Am Ausgangspunkt angekommen haben sie sich einen Kaffee verdient – am besten im **Café Tambosi,** einem italienischen Traditionscafé (seit 1775).

Dauer 3-4 Stunden mit Besichtigungen und Pausen. Reine Laufzeit: max. 1 Stunde.

Sehenswert

Allianz Arena ... C 9
Alter Hof ... D 5
Asamkirche ... C 6
Bavaria ... A/B 6
Bavaria Filmstadt ... B 11
BMW-Hochhaus ... C 1
Chinesischer Turm ... E 4
Feldherrnhalle ... D 5
Frauenkirche ... D 5
Hofbräuhaus ... D 5
Isartor ... D 6
KZ-Gedenkstätte Dachau ... B 9
Maximilianeum ... E 6
Olympiastadion ... A/B 1
Propyläen ... C 4
Rathaus ... D 5
Residenz ... D 5
Schloss Nymphenburg ... B 10
Siegestor ... D 4
Theatinerkirche ... D 5
Theresienwiese ... B 6/7

Straßen und Plätze

Karlsplatz (Stachus) ... C 5
Kaufingerstraße ... C/D 5
Königsplatz ... C 4
Leopoldstraße ... D 4-E 1
Ludwigstraße ... D 4/5
Marienplatz ... D 5/6
Maximilianstraße ... D 5-E 6
Münchner Freiheit ... E 3
Odeonsplatz ... D 5
St.-Jakobs-Platz ... D 6
Viktualienmarkt ... D 6

Museen und Galerien

Alte Pinakothek ... C 4
Archäolog. Staatssammlung ... E 5
Bayerisches Nationalmuseum ... E 5
BMW-Museum ... C 1
Deutsches Museum ... D/E 6
Glyptothek ... C 4
Haus der Kunst ... E 5
Hypo-Kunsthalle ... D 5
Lenbachhaus ... C 4
Neue Pinakothek ... C/D 4
Paläontologisches Museum ... C 4
Pinakothek der Moderne ... D 4
Rockmuseum Munich ... B 1
Sammlung Goetz ... C 10
Schack-Galerie ... E 5
Stadtmuseum ... D 6
Valentin-Musäum ... D 6
Verkehrszentrum des Deutschen Museums ... A/B 6
Villa Stuck ... F 5
Völkerkundemuseum ... E 5

Bühnen und Kulturzentren

Bayerische Staatsoper ... D 5
Blutenburgtheater ... A 4
Deutsches Theater ... C 5/6
Drehleier ... F 7
Gasteig ... E 6
Heppel & Ettlich ... D 3
Jörg Maurer's Unterton ... D 3/4
Kammerspiele ... D 5
Komödie am Max II ... E 5
Lach- und Schießgesellschaft ... E 3
Literaturhaus ... D 5
Metropoltheater ... C 10
Nationaltheater ... D 5
Prinzregententheater ... F 5
Residenztheater ... D 5
Schauburg ... D 3
Staatstheater am Gärtnerplatz ... D 6
Theater im Fraunhofer ... D 6

Parks und Gärten

Alter Botanischer Garten ... C 5
Botanischer Garten ... B 10
Englischer Garten ... E 4-F 2
Flaucher ... B 8
Hofgarten ... D 5
Nymphenburger Schlosspark ... B 10
Olympiapark ... A/B 1/2
Rosengarten ... C 8
Tierpark Hellabrunn ... B/C 11

Biergärten

Augustiner ... B 5
Aumeister ... C 10
Chinesischer Turm ... E 4
Fasanerie ... B 10
Franziskanergarten ... C/D 11
Gasthof Hinterbrühl ... B 11
Hirschgarten ... B 10
Hofbräuhaus ... D 5
Laimer's ... B 10
Löwenbräukeller ... B 4
Max Emanuel Biergarten ... D 4
Menterschwaige ... B 11
Parkcafé ... C 5
Paulaner ... D 7
Seehaus ... F 3

Mehr über Münchens Nachkriegsgeschichte im Buch von Andrea Naica-Loebell. Sutton Verlag, 9.90 Euro

MERIAN | RÜCKBLICK

Eine Stadt sieht rot

Räte-Republik München: Die 24 Tage der Revolutions-Regierung von 1919

Kurt Eisner, Bayerns erster Ministerpräsident

November 1918, es ist der vierte Kriegswinter, München hungert. Und München demonstriert. In Massen versammeln sich die Menschen jeden Tag auf der Theresienwiese, sie haben den Krieg satt. Am **7. November** marschiert eine wütende Meute, aufgeputscht von flammenden Rednern von der Bavaria durch die Innenstadt bis zum Friedensengel.

Der jüdische Journalist **Kurt Eisner,** Mitbegründer der **USPD,** zieht mit seinen Anhängern von Kaserne zu Kaserne, sucht Mitstreiter für seinen politischen Umsturz-Plan. Und die kriegsmüden Soldaten folgen dem Pazifisten Eisner. Sie plündern die Waffenlager ihrer Kasernen, auf Widerstand treffen sie kaum. Am Abend verschanzen die Putschisten sich im Mathäserbräu. Sie wählen Revolutionsräte und am nächsten Morgen lesen die überraschten Münchner auf Plakaten: „Bayern ist fortan ein Freistaat."

Der König flieht aus der Stadt, die Monarchie ist abgeschafft und Eisner der erste Ministerpräsident Bayerns. Er führt unter anderem das **Frauenwahlrecht** ein. Doch bei den ersten Wahlen im **Januar 1919** geht Eisners USPD unter, erreicht nur 2,5 Prozent der Stimmen. Der Grund: Die meisten Linken sind erst gar nicht zur Urne gegangen. Sie wollen keine Demokratie, sondern eine Räterepublik nach sowjetischem Vorbild. Der Regierungsauftrag geht an die SPD, Eisner beschließt, aufzugeben. Auf dem Weg zum Landtag, wo er seinen Rücktritt einreichen will, wird er am **21. Februar** vom rechtsradikalen **Graf von Arco auf Valley** hinterrücks erschossen.

Der Mord an dem beliebten Ministerpräsidenten radikalisiert die Münchner. 100000 erweisen Eisner die letzte Ehre. Als am **17. März** die SPD-geführte Regierung ihr Amt antritt, spitzt sich die Lage zu: Nur noch drei Wochen dauert es, bis Revolutionäre um den Schriftsteller **Ernst Toller** am **7. April** die **Bayerische Räterepublik** ausrufen. Auf dem Wittelsbacher Palais weht die rote Fahne, Lenin staunt im fernen Moskau und die SPD-Regierung flieht nach Bamberg. Toller schreibt später: „Die Räterepublik war ein tollkühner Handstreich verzweifelter Arbeitermassen, die verlorene Revolution zu retten."

Doch nur wenige Tage später wird München von Reichswehrtruppen eingekesselt. Reichswehrminister **Noske** hat sie entsendet. Toller drängt auf Verhandlungen, die SPD in Bamberg lehnt ab. Sie beschließt, hart gegen die Räte vorzugehen. Am **1. Mai** marschieren die republikanischen Truppen gemeinsam mit dem Freikorps in München ein. Es sterben mehr als 600 Menschen, Zivilisten werden massakriert, Tausende „Verschwörer" wegen Beteiligung an der Räterepublik vor Gericht gestellt. Schriftsteller Toller wird zu fünf Jahren Zuchthaus verurteilt, die Todesstrafe gegen den Eisner-Mörder Graf von Arco auf Valley hingegen aufgehoben.

Das politische Pendel schlägt weit in die andere Richtung: München wird zum Zentrum der rechten Opposition gegen die Weimarer Republik, deren Verfassung im **August 1919** in Kraft tritt. Vier Jahre später putscht Hitler. In München. *Jan Kirsten Biener*

Die republikanischen Truppen haben München zurückerobert

Sehr eigen, aber eher mild als wild: Maltas Schwester Gozo

Schrill, bunt, eigensinnig: Karneval in Stadt und Land

Uneinnehmbar: Maltas befestigte Hauptstadt Valletta

Auf Malta, Gozo und Comino ist alles anders. Das Herz des Mittelmeers schlägt seit 5000 Jahren im eigenen Takt, es ist sowohl islamisch geprägt als auch katholisch, ist britisch und arabisch zugleich. Und bei alledem eine Welt der Muße und des Abenteuers

- Valletta: Menschen und Geschichten einer Festung
- Very British: Klubs, Küche und Karaoke
- Tauchen: Wracks und Fische – Abenteuer unter Wasser
- Karneval: Die Wahnsinnigen von Gozo
- Ordensritter: Wenn Samariter auf Kaperfahrt gehen

Zuletzt erschienen:

Mai 2006

April 2006

März 2006

Februar 2006

Januar 2006

Dezember 2005

Sehr eigen, aber eher mild als wild: Maltas Schwester Gozo

Schrill, bunt, eigensinnig: Karneval in Stadt und Land

Uneinnehmbar: Maltas befestigte Hauptstadt Valletta

Auf Malta, Gozo und Comino ist alles anders. Das Herz des Mittelmeers schlägt seit 5000 Jahren im eigenen Takt, es ist sowohl islamisch geprägt als auch katholisch, ist britisch und arabisch zugleich. Und bei alledem eine Welt der Muße und des Abenteuers

- Valletta: Menschen und Geschichten einer Festung
- Very British: Klubs, Küche und Karaoke
- Tauchen: Wracks und Fische – Abenteuer unter Wasser
- Karneval: Die Wahnsinnigen von Gozo
- Ordensritter: Wenn Samariter auf Kaperfahrt gehen

Zuletzt erschienen:

Mai 2006

April 2006

März 2006

Februar 2006

Januar 2006

Dezember 2005

Die nächsten Ausgaben von MERIAN sollten Sie nicht verpassen: Prag, Paris, Münsterland, Finnland, Kapstadt Abotelefon (040) 87 97 35 40 oder www.merian.de

MERIAN-Stadtplan
MÜNCHEN
Riesenfeld
BMW-Hochhaus, BMW-Museum
Olympia-Eisstadion
Olympiapark
Olympiahalle
Olympiaturm
Olympiastadion
Olympia-Schwimmhalle
Sea Life Centre
Theatron
Freilichtbühne
Olympiasee
Olympiaberg (564)
Werner-v.-Linde-Halle
Zentr. Hochschulsportanlage
Stadtwerke München (SWM-Zentrum)
München-Arena
Russ.-Orthod. Kap.
Tierklinik
Wohngebiet »Am Ackermannbogen«
Georgenschwaige
Luitpoldpark
Bamberger Haus
Kloster d. Karmelitinnen
Bad Georgenschwaige
St.-Josef-Kinderheim
Städt. Krankenhaus Schwabing
Schwabing
Schwabinger See
Ungererbad
Maria v. Guten Rat
Augustinerkloster
Neuap. K.
Off-Off-Theater
Erlöserk.
Biederstein
Freizeitpark Biederstein
Englischer Garten
Hirschau
Kleinhesseloher See
Neues Seehaus
Theater am Sozialamt
Lustspielhaus
Münchner Lach- und Schießgesellschaft
Kath. Akademie
Suresnes Schlößl
Kleinhesselohe
Sportanlage
Dante-park
Ebenau
Christusk.
St.-Theresia-Karmeliterkl.
St. Sebastian
Erste K. Christi
Kreuzk.
Stadtarchiv
Nordbad
Schwabing-West
Heppel & Ettlich
Schauburg
Leopoldpark
Goethe-inst.
St. Barbara
Theater
Theaterakademie Zentralbibl.
DRK
Bundespolizei
Bayer. Hauptstaatsarchiv
Bayer. Staatsminist. f. Arb. u. Soz.-Ordn.
St. Joseph
Techn. Univ.
LVG
Maxvorstadt
Alter Nördl. Friedhof
Jörg-Maurer's Unterton
Akademie der Bildenden Künste
Max Emanuel Biergarten
Ludwig-Maximilians-Universität
Siegestor
Ottilien-Kolleg
Rumfordhalle
Chinesischer Turm
Monopteros
Tierärztl. Kliniken
Tivoli
Bibliothek
St. Benno
Deutsches Herzzentrum
Gesundheitsamt
Justizgebäude
Löwenbräukeller
Blutenburgtheater
Bay. Landeskriminalamt
Finanzämter
Münchner Volkstheater
Lenbachhaus
Paläontolog. Museum
Glyptothek
Münchner Theater für Kinder
Propyläen
Techn. Universität
Neue Pinakothek
Alte Pinakothek
Mus. "Reich der Kristalle"
Pinakothek der Moderne
Markuskirche
St. Ludwig
Bayer. Staatsbibliothek
LZB
Reitanlage
Japanisches Teehaus
Bundesfinanzhof
Dreieinigkeitsk.
St. Georg
Bayer. Versicherungskammer
Leopoldstr.
Ludwigstr.
Schleißheimer Str.
Belgradstr.
Ackermannstr.
Landshuter Allee (Mittlerer Ring)
Petuelring
Georg-Brauchle-Ring
Isarring
Dachauer Str.
Nymphenburger Str.

fluggesellschaften günstige innerdeutsche Verbindungen nach München an, zum Beispiel Air Berlin, Condor, Deutsche BA und Germanwings. Die Fahrt zum Flughafen dauert mit der S-Bahn rund 40 Minuten (S1 oder S8).

Mit der Bahn
Der Münchner Hauptbahnhof ist Süddeutschlands wichtigster Eisenbahnknoten für den nationalen und internationalen Zugverkehr. Entsprechend gibt es aus allen größeren deutschen Städten direkte Verbindungen, häufig ICEs oder auch Nachtzüge. Eine neue ICE-Trasse verbindet München mit Nürnberg, die Fahrzeit beträgt seither nur noch 60 Minuten. Endstation für Autoreisezüge, die u.a. aus Berlin, Hamburg, Bremen und Düsseldorf nach München fahren ist nicht der Haupt- sondern der Ostbahnhof.

Mit dem Auto
Vom Norden kommend erreicht man München über die A9 (aus Richtung Nürnberg), aus West und Ost über die A8 (Stuttgart-Salzburg) und aus dem Süden über die A95 (von Garmisch-Partenkirchen) und A96 (von Lindau). Alle Autobahnen münden in die A 99, die einen Ring um die Stadt bildet. Innerhalb Münchens sind der Mittlere Ring und der Altstadtring wichtige Orientierungsstraßen.

UNTERWEGS IN MÜNCHEN

Öffentlicher Verkehr
S- und U-Bahnen sowie Tram- und Buslinien verkehren von 4.30 bis 1.30 Uhr danach decken Nachtlinien das Stadtgebiet fast vollständig ab. Das Tarifsystem und seine Einteilung in Zonen und Ringe ist leider nicht ganz einfach zu durchschauen. Ein Einzelfahrschein für den Innenstadtbereich kostet 2,20 €. Etwas günstiger sind Streifenkarten mit 10 Streifen für 10,50 €. Pro Zone sind zwei Streifen zu entwerten, für eine Kurzstrecke nur einer. Als Kurzstrecke gelten Fahrten bis zur vierten Haltestelle (mit U- oder S-Bahn nur zwei Haltestellen). Ein Kurzstreckenticket kostet 1,10 €. Außerdem gibt es Tagestickets (Innenraum: 4,80 € für einen, 8,50 € für bis zu fünf Erwachsene) und 3-Tage-Innenraum-Tickets (11,80 € für einen, 20 € für bis zu fünf Erwachsene). Für eine ganze Woche (Mo-So) lohnt sich der Kauf einer Isar-Card, die es ab 10,50 € gibt. Weitere Informationen beim **Münchner Verkehrsverbund Tel. 41 42 43 44 www.mvv-muenchen.de**

Ein attraktives Angebot ist die **München Welcome Card.** Sie erlaubt beliebig viele Fahrten mit den öffentlichen Verkehrsmitteln und gewährt 50 Prozent Rabatt in vielen Museen und Sehenswürdigkeiten. Für einen Tag kostet die Welcome Card ab 7,50 € für eine und ab 12,50 € für bis zu fünf Personen. Für drei Tage kostet die Welcome Card 17,50 € für eine oder 25,50 € für bis zu fünf Personen. Erhältlich bei der Touristeninformation, den MVV-Kundenzentren und in vielen Hotels.

Taxi
Tel. 216 10 oder 194 10

Fahrrad
Das Radwege-Netz ist rund 700 Kilometer lang, viele Strecken führen im Grünen entlang der Isar oder durch den Englischen Garten. Am einfachsten ist die Radmiete über den „Call-a-bike"-Service der Deutschen Bahn, der in München als einer von vier in Deutschland angeboten wird. Nach Anmeldung (online oder über eine Hotline) werden die Räder nach Anruf elektronisch entriegelt und können nach Gebrauch überall im Innenstadtbereich abgestellt werden. **Tel. 07 00/05 22 55 22 www.callabike.de**
Eine Fahrrad-Minute kostet 7 Cent, 24 Stunden maximal 15 €

FESTE UND EVENTS

Auer Dult
Einer der größten Geschirr- und Haushaltswarenmärkte Europas, ein Fest für Trödel- und Marktschreierfans und ein schönes Volksfest. **Im Mai, Juli, Oktober.**

Filmfest
Acht Tage im Juli 2006 (sonst im Juni) spielt München Berlinale: Mehr als 200 Filme, 17 Leinwände jede Menge Erstaufführungen und regelmäßig rund 60 000 Besucher. Viel deutsches Kino, einige internationale Stars. **www.filmfest-muenchen.de**

Oktoberfest
Eben nicht im Oktober, sondern **ab Mitte September** zwei bierselige Wochen lang. **www.oktoberfest.de**

Sechstagerennen
Die weltbesten Radrennfahrer treffen sich immer **im November** in der Olympiahalle. Sportevent mit Volksfestcharakter.

BÜCHER

Cool Restaurants Munich teNeues, 136 Seiten, 14,90 €. Design-Fibel für alle, die im Restaurant nicht nur aufs Essen, sondern auch auf die Innenarchitektur Wert legen.

München Merian live! Reiseführer, 128 Seiten, 7,95 €. Regelmäßig prämierter Kompaktreiseführer, mit Karten, Tourenvorschlägen und vielen Tipps.

München Baedeker Allianz Reiseführer, 324 Seiten, 15,95 €. Ausführlicher Kulturführer mit vielen Hintergrundinformationen, modern aufbereitet.

München für Münchner Mairdumont, 239 Seiten, 8,95 €. Zwar fehlen touristische Hintergrundinfos, aber die vielen Tipps sind auch für Gäste wertvoll.

Prinz Topguide 178 Seiten, 4,95 €. Münchens beste Adressen aus der Gastro-, Nightlife-, und Shopping-Szene.

Daten zur Stadt

Einwohner: 1,27 Millionen, davon 657 000 Frauen und 616 000 Männer. Vor 150 Jahren hatte München erst 120 000 Einwohner, seither hat sich die Zahl also verzehnfacht.
Ausländische Bewohner: 293 000 Bürger aus mehr als 180 Nationen. Mit mehr als 43 000 Menschen bilden die Türken die größte Landsmannschaft.
Arbeitslosenquote: 6,9 %.
Politik: Seit dem Zweiten Weltkrieg wurde München fast durchgehend von der SPD regiert. Oberbürgermeister ist seit 1999 Christian Ude, der 2002 von 64,5 Prozent der Wähler im Amt bestätigt wurde. 1996 wurde die Rosa Liste als Europas erste schwul-lesbische Partei, die in ein Kommunalparlament einzog, in den Stadtrat gewählt.
Wirtschaft: München ist Deutschlands zweitgrößter Beschäftigungsstandort, führend in High-Tech und Medien. 280 in- und ausländische Versicherungen haben ihren Sitz in München. Die bedeutendsten sind die Münchener Rück als größter Rückversicherer der Welt und die Allianz, eine der weltweit größten internationalen Versicherungsgesellschaften.
Geografie: Mit 310 km² Fläche ist München nur etwa ein Drittel so groß wie Berlin. Nord-Süd-Ausdehnung 21 km, Ost-West-Ausdehnung 27 km.
Höchste Erhebung: Warnberg (bei Solln) mit 579 Metern.
Gewässer: Die Isar fließt 13,7 km durch München.
Höchstes Gebäude: Olympiaturm, 291 Meter.
Tourismus: Gästeanreisen (2005): 4,1 Mio. Durchschnittliche Verweildauer: 2 Tage. Übernachtungen (2005): 8,4 Mio. 44,6 % der München-Besucher kamen aus dem Ausland, vor allem aus den USA und Italien.

Kirche; Kloster
Burg, Schloss
Synagoge
Theater
Museum
Denkmal
Information
Markt
Parkplatz
U-Bahn
S-Bahn
Fußgängerzone
Biergarten
Tour
600 m
© MERIAN-Kartographie
Bogenhausen
Lehel
Altstadt
Haidhausen
Au
Isarvorstadt
Ludwigsvorstadt
Schwanthalerhöhe
Westend
Sendling
Untersending
Theresienwiese
Hauptbahnhof
Ostbahnhof
Deutsches Museum
Frauenk.
Rathaus
Residenz
Maximilianeum Bay. Landtag
Ostfriedhof
Alter Südlicher Friedhof
Bavaria Ruhmeshalle
Isar

GESCHICHTSDATEN

782 Schwabing wird erstmals urkundlich erwähnt.
10. und 11. Jh. Benediktinermönche gründen Gehöfte an den Isarauen und nennen sie Apud Munichen – „bei den Mönchen“.
1158 Offizielle Stadtgründung Münchens nach einem Zoll-Konflikt zwischen Herzog Heinrich dem Löwen und Bischof Otto von Freising. Barbarossa spricht Munichen das Markt- und Münzrecht zu. Der 14. Juni wird deswegen als Geburtstag Münchens gefeiert.
1255 München wird Residenz des Teilherzogtums Bayern-München.
1468 Baubeginn der Frauenkirche. 20 Jahre später ist das Wahrzeichen Münchens fertig.
1516 Am 23. April bestimmt Wilhelm IV., Herzog von Bayern, dass in Bier nur Hopfen, Gerste und Wasser gehört. Das Reinheitsgebot ist die älteste Lebensmittelvorschrift der Welt.
16. Jh. München wird zur Hochburg der Gegenreformation, Jesuiten prägen das geistliche Leben der Stadt.
1664 Baubeginn des Nymphenburger Schlosses.
1789 Kurfürst Karl Theodor lässt von dem Amerikaner Benjamin Thompson den Englischen Garten anlegen.
1800 Französische Truppen besetzen fast ein Jahr lang München. Erstmals siedeln sich Protestanten in Bayern an.
1805 Napoleon zieht als Verbündeter in München ein, im Jahr darauf erhebt er Bayern zum selbstständigen Königreich.
1810 Die Hochzeit des Kronprinzen Ludwig wird mit einem Pferderennen auf einer Wiese vor der Stadt gefeiert. Aus dem Hochzeitsfest wird eine jährliche Tradition: das Oktoberfest.
1816 Die Glyptothek wird errichtet. Architekt Leo von Klenze baut in den nächsten Jahren auch die Ludwigstraße und die alte Pinakothek.
ab 1825 unter Ludwig I. erlebt München einen weiteren Bauboom. 1826 zieht die Universität von Landshut nach München. Mitte des Jahrhunderts wohnen 100 000 Menschen in München.
1854 Eingemeindung der bis dahin verpönten Dörfer am Ostufer der Isar: Au, Haidhausen und Giesing.
1867 Bau des Neuen Rathauses am Marienplatz.
1870/71 Bayern verliert die Souveränität als unabhängiges Königreich: Im deutsch-französischen Krieg schließt sich man sich Kaiser Wilhelm I. und Preußen an.
1884 Gründung der Kunstakademie in Schwabing.
1896 in München erscheint die erste Ausgabe des Satiremagazins „Simplicissimus“. Später schreiben u.a. Hermann Hesse, Thomas Mann und Frank Wedekind für das Heft. Zur gleichen Zeit erscheint auch erstmals die Kunstzeitschrift „Jugend“ in München, nach der die Epoche des Jugendstils später benannt wurde.
1900 Nach Jahrzehnten der Industrialisierung haben sich mittlerweile fast 500 000 Menschen in München angesiedelt.
1909 Gründung der „Neuen Künstlervereinigung München“, aus der später der Blaue Reiter um Kandinsky und Macke hervorgeht. Schwabing wird zu einem Zentrum der künstlerischen Avantgarde Deutschlands.
1918 Novemberrevolution unter Kurt Eisner. Sturz der Monarchie, Eisner wird erster Ministerpräsident Bayerns.
1919 Eisner wird von einem Anhänger der rechtsradikalen Thule-Gesellschaft erschossen. Linke Revolutionäre rufen eine sozialistische Räterepublik aus. Blutige Niederschlagung nachdem München von Reichswehrtruppen eingekesselt wird.
1923 Hitler proklamiert im Bürgerbräukeller die „nationale Revolution“, der Putsch scheitert, die NSDAP wird kurzzeitig verboten, aber die Urteile gegen Hitler und die anderen Anstifter fallen mild aus.
1932/33 bei den Landtagswahlen in Bayern kommt die NSDAP auf 32,5 %, bei der Reichstagswahl im Jahr darauf auf 43,9 %. Die Länderparlamente werden entmachtet. Zwei Wochen nach den Wahlen wird das erste Konzentrationslager in Dachau errichtet.
1935 München erhält den Titel „Hauptstadt der Bewegung“.
1938 Beim Münchner Abkommen beschließen Chamberlain, Daladier, Mussolini und Hitler die Abtretung der sudetendeutschen Gebiete an Deutschland.
1939 Der Schreiner Georg Elser versucht am 8. November im Bürgerbräukeller ein Sprengstoffattentat auf Hitler. Elser wird festgenommen und 1945 in Dachau erschossen.
1943 Die „Weiße Rose“ um die Geschwister Hans und Sophie Scholl verteilt Flugblätter in der Universität. Beide werden hingerichtet.
1945 Am 30. April rücken amerikanische Truppen in München ein. Die Stadt ist etwa zur Hälfte zerstört.
1957 Münchens Einwohnerzahl überschreitet die Millionengrenze.
1962 Schwabinger Krawalle, bei denen sich Polizei und Jugendliche fünf Nächte lang Straßenkämpfe liefern.
1972 Olympische Sommerspiele in München. Geiselnahme jüdischer Sportler und Betreuer durch palästinensische Terroristen. Bei der misslungenen Befreiungsaktion auf dem Flughafen Fürstenfeldbruck sterben alle Geiseln. Die Spiele gehen weiter.
1980 Ein Rechtsradikaler zündet eine Bombe auf dem Oktoberfest. 13 Menschen sterben.
1992 Der Franz Josef-Strauß-Flughafen bei Erding wird eingeweiht.
2004 Bei einem Bürgerentscheid beschließen die Münchner, dass künftig kein Neubau im gesamten Stadtgebiet die 99 Meter hohen Türme der Frauenkirche überragen darf.

ALLGEMEINE INFORMATIONEN

Wetter & Reisezeit

Das Wetter in München ist recht instabil und kann schnell umschlagen. Vor allem an heißen, schwülen Sommertagen gibt es häufig schwere Gewitter mit Platzregen oder Hagel. Eine Besonderheit des Münchner Klimas ist der Föhn, ein trocken-warmer Fallwind. Als beste Reisezeit gelten die Monate April bis Oktober. Stabile Hochdrucklagen im Herbst bescheren München oft wärmeres und trockeneres Wetter als den meisten anderen deutschen Städten. Im Winter liegt, wegen der relativ hohen Lage auf über 500 Metern, häufiger Schnee als in anderen deutschen Großstädten.

Auskunft

Auf Anfrage versendet das **Fremdenverkehrsamt München** Stadtpläne, Broschüren und Hotelverzeichnisse.
Sendlinger Straße 1
Tel. 23 39 65 00
www.muenchen.de

Vor Ort wenden sich Besucher an die
Touristeninformation im Hauptbahnhof, Bahnhofsplatz 2
Mo-Sa 9.30-18.30 Uhr
So 10-18 Uhr
im Neuen Rathaus, Marienplatz
Mo-Fr 10-20 Uhr, Sa 10-16 Uhr

Telefon

Vorwahl für München: 089

Notdienst

Ärztlicher Notdienst
Tel. 55 55 66
Zahnärztlicher Notdienst
Tel. 723 30 93

ANREISE

Mit dem Flugzeug

Der Münchner Franz Josef Strauß-Flughafen liegt 30 Kilometer nördlich der Stadt. Der zweitgrößte deutsche Flughafen wird von vielen internationalen Airlines bedient. Neben der Lufthansa bieten etliche Billig-